Oscar Pereira-Zazo

El Análisis de la
Comunicación
en Español

Kendall Hunt
publishing company

Para mis sobrinos, Kiko y Frédéric,
y pensando en el futuro

Cover image © Shutterstock, Inc.

Kendall Hunt
publishing company

www.kendallhunt.com
Send all inquiries to:
4050 Westmark Drive
Dubuque, IA 52004-1840

Copyright © 2014 by Kendall Hunt Publishing Company

ISBN 978-1-4652-5668-3

Contenido

Prólogo

Los seres humanos, en cierto sentido muy radical, no tenemos mundo dado: solo mundo construido. Construimos nuestro mundo material a través del trabajo, nuestro mundo cultural a través de la comunicación: incluso tratamos de construirnos a nosotros mismos como sujetos morales autónomos.

Jorge Riechmann

Vivimos en la sociedad de la información e, incluso, en la sociedad del conocimiento. Así se dice, así se repite. Entonces, ¿cómo es posible que también vivamos, según el filósofo Carlos París y muchos más, en la época de la mentira, sumergidos sin aparente escapatoria en una cultura de la ocultación y la falsedad?

Parte importante de la respuesta se encuentra en la propia naturaleza de la comunicación, que es la mediación que los humanos utilizamos para forjar nuestro mundo de significados, nuestra cultura. El caso es que la comunicación se vale de los signos y, como señala Umberto Eco de la semiótica, que es la teoría que los investiga, su propósito no es otro que estudiar todo lo que puede usarse para mentir. La aspiración a la verdad tiene sentido porque los signos son potencialmente el vehículo de la mentira. De ahí que en buena medida nuestro trabajo como analistas de la cultura sea el de dilucidar el sesgo con que se utilizan.

Un segundo detalle a considerar tiene que ver con la especificidad de la comunicación en la situación presente. El también filósofo Daniel Innerarity ha comentado con bastante acierto que más que vivir en la sociedad del conocimiento vivimos en la sociedad de la desinformación. Pensemos si no en dos fenómenos notables: la densidad de la información a que estamos expuestos y el carácter no inmediato de nuestra experiencia en el mundo. Ambos fenómenos convergen en un punto: Los medios de comunicación y su enorme capacidad para intervenir e inmiscuirse en nuestras vidas gracias a las tecnologías digitales.

Ahora bien, en todo lo relativo a la comunicación, hay un componente esencial que no conviene minusvalorar: La responsabilidad de los participantes en la interacción semiótica. De hecho, este libro se ha escrito con la idea de facilitar el ejercicio de tal responsabilidad, y muy particularmente de la de aquellos que estamos al final de la cadena semiótica. Efectivamente, el lector tiene en sus manos un modelo para armar, un libro flexible con un objetivo muy práctico: Suministrar herramientas que hagan viable el desarrollo de hábitos críticos a la hora de enfrentarse con la comunicación y, más específicamente, con la que consiste en mensajes de carácter estético.

Y hablo de un modelo para armar porque junto a los dos capítulos de información básica que siempre conviene examinar –los dedicados a la *comunicación* y al *mensaje*–, el libro contiene otros dos –los que se centran en los *signos* y en el *análisis*– cuya consulta se puede adaptar al corpus de obras específico que el instructor y los estudiantes hayan decidido indagar. Sea cual sea el énfasis, el lector tiene a su disposición en las páginas que siguen vocabularios y explicaciones relacionados tanto con la cultura visual como con la escrita; en definitiva, un instrumental básico para analizar la generalidad de la comunicación estética –con la excepción de la música, la escultura y la arquitectura–.

En todo lo relativo a la comunicación, el ejercicio de la libertad –es decir, de la autonomía y la responsabilidad– se debe desligar de la mera opinión. Un énfasis excesivo en la espontaneidad suele acarrear una reproducción indiscriminada de los automatismos, los lugares comunes y los estereotipos de la cultura, es decir, de todos esos componentes que pueden interferir en el desarrollo de una visión crítica, de una cosmovisión propia preocupada por el futuro de la humanidad y del planeta que habitamos. No hay posibilidad de crítica argumentada sin distancia; no hay ejercicio posible de la libertad sin estudio, práctica e investigación. Por esta razón, la opinión bien entendida –o sea, cuando consiste en una explicación interpretativa– debe ser resultado de un proceso laborioso que combine la comprensión de los códigos semióticos y culturales presentes en el mensaje con una inspección respetuosa de su especificidad formal y temática. Mi compromiso con el lector es que este libro se escribió con esta idea en mente. Y, claro, con la esperanza de que sea útil para desenmascarar la mentira.

1 La comunicación

Analizar implica descomponer en partes constituyentes eso que nos interesa entender y explicar; en nuestro caso, la comunicación humana, una de las actividades centrales de nuestra especie. Nos proponemos estudiar, de hecho, la producción de significado en ciertos tipos de interacciones que iremos detallando a lo largo del libro. Indicamos de esta manera que el análisis del significado no es otra cosa que el análisis de la comunicación. Y un ejemplo puede facilitar una mejor intuición de los componentes básicos que tomaremos en consideración en nuestro análisis semiótico de las situaciones comunicativas.

Vayamos al meollo de la comunicación humana, a la palabra en la vida. Fijémonos en esta situación: Dos personas permanecen calladas en una habitación. De pronto, una de ellas dice: «¡Vaya!».[1]

Sin complicar mucho el examen, ya nos podemos percatar de algunos elementos clave: Alguien que habla, alguien que escucha, un mensaje que se transmite.

Ahora bien, nuestra investigación se vuelve más interesante si nos preguntamos sobre el significado del *mensaje*: ¿Qué quiere decir ese «¡vaya!»? Reparemos en que, como ocurre en todo acto comunicativo, la situación es implícitamente dialógica y que, potencialmente, se puede alternar la posición de *emisor* y *receptor*. No obstante, si el diálogo objeto de nuestro análisis consiste, como es el caso, en la emisión de esa única palabra, su sentido no deja de ser un misterio para nosotros observadores externos. Y quizás ahora se pueda entender mejor nuestra sugerencia de que el análisis del significado de un mensaje no es otra cosa que el análisis de la situación comunicativa en la que el mensaje opera.

En resumidas cuentas, necesitamos información adicional para poder entender qué está ocurriendo. En primer lugar, sobre el *escenario del diálogo*, es decir, sobre el tiempo y el lugar de la comunicación. Por ejemplo, las dos personas se encuentran en una sala de espaldas a nosotros y con la vista clavada en una ventana, a través de la cual se puede ver una densa cortina de copos de nieve. En cuanto a la ubicación temporal, la escena acontece cuando el mes de mayo ya está a la vuelta de la esquina. Gracias a esta información, compartimos el horizonte espacio-temporal habitado por los participantes en la comunicación, y ya estaríamos en disposición de ensayar alguna hipótesis plausible sobre el significado de «¡vaya!». Sobre todo, si tomamos nota de la utilización de los signos de admiración, pues nos indican cierta modulación de la voz y, por tanto, la probable intención y estado emocional del hablante en el momento de expresarse: ¿Enfado? ¿Resignación? ¿Circunspección?

Desdichadamente, el resto de la información que nos facilitaría una inteligencia completa de la situación es de difícil acceso: se encuentra por la mayor parte en la mente de los dialogantes. En este sentido, conviene introducir la distinción entre *discurso exterior* y *discurso interior*. De hecho, no tendría mucho recorrido hablar de diálogo en la situación comunicativa que estamos analizando –una sola palabra emitida– sin pensar que en la mente del receptor se ha producido un asentimiento no verbalizado a lo que ese «¡vaya!» significa. En suma, con la noción de discurso interior nos referimos a los procesos psíquicos que conocemos con el nombre de conciencia. Por la mayor parte, es asunto sujeto a la decisión del locutor tanto el modular como el exteriorizar o no su discurso interior. En lo que a nosotros compete, hemos optado por interpretar el silencio del receptor como una adhesión tácita a lo verbalizado por el emisor.

---

[1] Así comienza el análisis de la comunicación que Valentin N. Voloshinov nos propone en el artículo recogido en la bibliografía, y que vamos a utilizar en los comentarios que siguen (113).

Figura 1

Un conocimiento cabal de la situación comunicativa exige, por tanto, la búsqueda de información relativa a los contenidos mentales de los partícipes con el objetivo de completar los datos que tengamos sobre el escenario. En nuestro ejemplo, debemos suponer un conocimiento y comprensión común de la situación en que se hallan los interlocutores: La primavera ha llegado, y el frío y la nieve no se han ido. A ello hay que añadir una valoración compartida, y aquí está la clave del significado de «¡vaya!»: A los interlocutores no les gusta nada que sea primavera y las buenas temperaturas brillen por su ausencia. Nuestra interpretación, en base a la información analizada, propone, en consecuencia, que el significado de «¡vaya!» es la enunciación de cierto enfado y desilusión, y este significado suponemos que es compartido por ambos interlocutores.

En conclusión, el análisis de la comunicación no se puede reducir ingenuamente al análisis descontextualizado de los mensajes emitidos. Muy al contrario, nuestro objetivo debe ser una comprensión lo más completa posible de la *situación comunicativa* en que tales mensajes circulan. Otra manera de subrayar esta idea es afirmando, a la manera de Voloshinov, que la producción de significado resulta de la fusión de un *componente semiótico* con un *sobrentendido*. El componente semiótico es propiamente el mensaje, mientras que el sobrentendido incorpora un escenario —el espacio y tiempo de la comunicación— y unos interlocutores con sus respectivas posiciones —o sea, un conocimiento, comprensión y evaluación específicos tanto de la situación como del escenario y el mensaje—.

1.1   La comunicación mediata e inmediata

Vamos a ampliar nuestro examen para tomar conciencia de lo que separa la palabra en la vida del signo en el arte. Para ello tornaremos brevemente nuestra vista al siglo XIV, a un pasaje del *Libro del Arcipreste* de Juan Ruiz (1284-1351): «La disputa que los griegos tuvieron con los romanos» (104-108).[2] Este gran escritor castellano era arcipreste de Hita y, por tanto, un sacerdote. Y en una época en que las instituciones eclesiásticas intentaban forzar el celibato de los clérigos, nuestro autor decidió recoger las andanzas ficticias de sí mismo —un cura de almas enamoradizo y poco casto— en una serie de poemas que hoy en día se suelen publicar con el título de *Libro de buen amor*. A diferencia del ejemplo analizado en la sección previa, en el que los interlocutores coinciden en la comprensión y evaluación de la situación y el mensaje, el contexto en que Juan Ruiz puso en circulación sus poemas —impulso oficial a favor del celibato— podía dar lugar a situaciones comunicativas complicadas. Esto es, ¿evaluarían de forma similar los clérigos de distinto rango y posición social la incontinencia sexual del protagonista? ¿Debería esperar el autor represalias oficiales a causa de sus escritos?

No cabe duda que el Arcipreste tenía clara conciencia de la tesitura en que se encontraba dada su condición de hombre de la iglesia y escritor de aventuras eróticas. De aquí que sus poemas estén regados con alusiones a cómo se han de entender. Sabemos, por lo demás, que una buena parte de nuestra comunicación oral consiste en explicar y aclarar qué es lo que queremos decir con lo que hemos dicho. Pero la opción aclaratoria se dificulta grandemente en la comunicación escrita, especialmente si el escenario de la comunicación es tal que el espacio-tiempo de la emisión no coincide con el espacio-tiempo de la recepción. Y conviene subrayar que esta es la existencia habitual del signo estético.

Pues bien, a este tipo de complicaciones nos referimos con la distinción entre *comunicación mediata* e *inmediata*. Antes de que se desarrollaran los medios y las tecnologías de la comunicación, la transmisión de información oral era necesariamente inmediata, es decir, contigua en el tiempo y cercana en el espacio. A lo más que se podía aspirar era a la mediación de partes interpuestas que transmitieran el mensaje oral desde el emisor a un receptor más o menos distante en el espacio. Y aunque hoy en día contamos con medios que permiten una

---

[2]Versión en línea en la Wikisource.

recepción prácticamente simultánea de la voz en los lugares más alejados del planeta, con la noción de comunicación mediata queremos llamar la atención acerca de la producción de significado en situaciones comunicativas en que el emisor y el receptor habitan distintos escenarios. Este es el tipo de situación que preocupa a Juan Ruiz.

Para tratarlo, el Arcipreste establece una analogía entre la comunicación escrita mediata y la ya referida disputa de los griegos y los romanos. Hay que señalar, antes de nada, que la disputa era un género oral típico de la universidad europea medieval que servía para confrontar distintas posiciones intelectuales. La elección no es casual: Juan Ruiz quiere indicar que la producción de significado es asunto conflictivo. Sin ir más lejos, los participantes en la comunicación pueden tener distintos intereses en mente. En este caso, los romanos quieren que los griegos les transmitan todos sus saberes, a lo que se niegan los griegos, ya que aducen que los romanos por su escasa cultura no merecen tal regalo. No obstante, ante la insistencia de los latinos, los helenos proponen una disputa con el objetivo de que muestren su receptividad a la enseñanza de nuevas materias. Los romanos aceptan encantados, pero muy pronto encontramos más tropiezos.

El más inmediato es que los romanos no entienden griego, circunstancia que cancela la posibilidad de cualquier diálogo. Juan Ruiz, que es un gran humorista, prepara el terreno de esta manera para uno de sus numerosos chistes. Pero además, quiere recalcar desde lo más obvio, que la comunicación sólo es posible si los partícipes comparten el código del mensaje, hasta lo más inadvertido, que la mera diversidad de nuestras experiencias vitales asegura la variabilidad de los sentidos que asignamos a los mensajes. En todo caso, los griegos deciden que se dispute por «señas de letrado», lenguaje que utiliza como signos los gestos de las manos. Esto, ciertamente, provoca nueva consternación en los romanos, visto que, como se enfatiza a lo largo de toda la narración, su rudeza les califica de iletrados impenitentes.

Acorralados y sin otras opciones, los romanos deciden dejarlo todo a la buena de Dios. Buscan a un pícaro, le ofrecen una buena remuneración y el día indicado para la disputa lo visten con ropas elegantes, tan costosas, que el bellaco, nos dice Juan Ruiz, bien parecía un doctor en la filosofía. Por su parte, los griegos se presentan con un doctor al que se califica de esmerado y sobresaliente. Una vez todos reunidos, el astuto romano y el sabio griego se suben a sus respectivas cátedras, y comienza la disputa. Primero habla el griego mostrando el dedo índice. El ribaldo romano contesta mostrando tres dedos, el pulgar en forma de arpón y los dos contiguos encogidos. El griego tiende la palma de la mano en dirección al rufián, y este le responde con un puño cerrado. A continuación, el sabio heleno se vuelve en dirección a sus compatriotas y diagnostica que los latinos merecen recibir la sabiduría. Hasta aquí la disputa; ahora vienen las interpretaciones.

Primero, la del griego: «Le dije que Dios es uno; el romano me dijo que era uno en tres personas. Yo le dije que todo era según la voluntad de Dios, y él me respondió que Dios lo tenía todo en su poder. Como vi que entendían y creían en la Santísima Trinidad, dictaminé que los romanos merecen nuestras leyes».

Segundo, la del romano: «El griego me dijo que con su dedo me iba a reventar un ojo. Esta actitud no me gustó nada. Le respondí que con mis tres dedos yo le iba a quebrar sus dos ojos y los dientes. Me comunicó que me lo pensara dos veces, pues me soltaría un buen bofetón. Ante lo cual le dije que yo le daría tal puñada que le sería imposible vengarse. En cuanto el griego vio que tenía la pelea perdida, dejó de amenazarme».

Como se puede observar, la situación incomunicativa que nos propone Juan Ruiz es paradójica: la falta de entendimiento no impide el éxito de la comunicación. De esta incongruencia deriva en buena parte el chiste. Con todo, su relevancia para nosotros estriba en el contraste que podemos establecer entre la disputación burlesca y el diálogo comentado en la sección previa. La razón es simple, son conversaciones muy peculiares que se pueden colocar en los extremos de eso que podríamos denominar la escala de las posibilidades comunicativas.

Nos llama la atención, nada más pensar en ello, la oposición entre el carácter privado del diálogo inicial y el carácter público del rifirrafe greco-romano, divergencia que se expresa en la misma disposición del escenario. Las buenas ropas, las cátedras a que se suben los disputadores, la presencia del pueblo, todo ello indica unas condiciones ritualizadas de interacción con papeles claramente asignados a los distintos partícipes. Estas condiciones difieren de la informalidad que percibimos en la callada escena privada, que también se caracteriza por el acuerdo y la valoración común. El malentendido, sin embargo, constituye el rasgo central de la disputa. A su vez, aquel acuerdo y este malentendido se corresponden con variaciones relevantes en las posiciones de los interlocutores. Este punto exige una aclaración adicional. Hemos dicho que toda comunicación es explícita o implícitamente dialógica. Pues bien, este dato no se debe interpretar en el sentido de que los participantes en toda comunicación mantengan relaciones de igualdad o equivalencia. En nuestros ejemplos, las posiciones son equivalentes en el primer diálogo, pero no en la disputa. De ahí la necesidad de incluir en el análisis del sobrentendido una descripción de la interacción social en que concurre el mensaje. Específicamente, debemos prestar especial atención a las relaciones de poder que organizan la comunicación. En relación a la disputa, podemos advertir que el griego habla *ex cathedra*, es decir, desde la autoridad que le confiere su gran capital cultural. En cambio, el lugar del pícaro romano es el del estudiante que va a pasar un examen. Y en cuanto al público presente, su papel se limita a ver, oír y callar.

Otras diferencias notables derivan del grado de dependencia que el mensaje mantiene con el sobrenten-dido. Se trata de un fenómeno que pudimos observar con nitidez cuando intentamos comprender el significado de «¡vaya!» echando mano de un diccionario: No pudimos enterarnos de gran cosa. Rápidamente pudimos advertir que su significado se debe elucidar mediante el análisis del sobrentendido. Un caso opuesto es el de los mensajes indiferentes al contexto. Así ocurre, por ejemplo, con la mejor comunicación científica, puesto que se propone como objetivo eliminar en la medida de lo posible la ambigüedad semántica y utilizar los signos en clave estrictamente representacional. Las demostraciones lógicas y las operaciones matemáticas son, probable-mente, las manifestaciones más acabadas de este anhelo, de forma que una demostración algebraica del teorema de Pitágoras es hoy en día tan clara y distinta como lo fue en la antigua Grecia y lo será en cualquier futuro previsible. Pero este tipo de mensajes son más bien la excepción que la regla general. Lo habitual es que cuanto mayor sea la distancia espacio-temporal que separa el momento de la emisión del momento de la recepción, más se complique la comprensión del mensaje. Perspectiva que hay que ampliar subrayando la gran variedad de desajustes que se pueden dar en el resto de componentes del sobrentendido, como muy bien nos hace saber nuestro buen amigo el Arcipreste.

No me refiero al anacronismo jocoso de unos griegos paganos interesados en el misterio de la Santísima Trinidad, ni al dato básico de que la comunicación sólo es viable si los interlocutores conocen y comparten el código de los signos utilizados. Me refiero a lo siguiente: la producción de significado es una relación social enteramente afectada por las trayectorias de los interlocutores. Es más, a mayor ambigüedad u oscuridad semántica del mensaje, mayor posibilidad de interferencia de las experiencias de vida de los partícipes. Juan Ruiz ejemplifica este asunto mediante el contraste entre el discurso externo de los querellantes –el intercambio de gestos manuales– y la disparidad de sentidos que el griego instruido y el romano ignorante asocian con tales signos en sus respectivos discursos internos. Por lo demás, mientras que en la comunicación oral siempre cabe la posibilidad de un acuerdo último acerca de qué es lo que se quiere decir o acerca de cuál es el significado preciso de los términos utilizados, el asunto se complica sobremanera en la comunicación mediata, pues el proceso aclaratorio, en caso de que exista tal posibilidad, siempre será más arduo. De aquí que la enseñanza que Juan Ruiz extrae de la disputa sea la siguiente, y nada menos que por boca del propio escrito: «Yo, libro, soy pariente de todos los instrumentos musicales. Depende de ti, lector, el producir una u otra melodía».

Nada más poner un autor su obra en circulación, su capacidad de intervención en cómo se ha de entender queda severamente limitada. El mensaje es como un instrumento musical, y al igual que distintos interpretes lo tocan de forma variada, un mismo mensaje está sujeto a interpretaciones diversas. Fijémonos, por otro lado, en que el rango de sonidos posibles está determinado por las características objetivas del instrumento en cuestión y que, consiguientemente, las propiedades del mensaje delimitan el *campo de lecturas potenciales*. Pero reparemos, también, en que el sonido lo crea el intérprete y en que, según la analogía, la descodificación de los signos y las señales nunca es pasiva. Muy al contrario, el significado siempre se produce activamente en el escenario de la recepción.

Un segundo aspecto a considerar es que no todas las interpretaciones tienen la misma validez. Mientras que la responsabilidad del autor es construir un buen instrumento, la del lector consiste en aprender a tocarlo bien. Cabe afirmar, por tanto, que la comunicación estética comienza con la creación de la obra *y* solo se consuma en las sucesivas lecturas, creativas e informadas, de las personas. Pero, ¡ojo!, las llamadas a la responsabilidad del lector pueden ser, además, una estrategia de los autores y distribuidores de la comunicación con el objetivo de controlar a distancia la producción de sentido. En el caso de Juan Ruiz, y dada la naturaleza controvertida de su libro, al hablar de responsabilidad también está intentando que el lector deseche los pensamientos impuros que le asalten durante la lectura. El mensaje sobrentendido es el siguiente: «Lector, si la lectura de mis andanzas eróticas te fomenta pensamientos lascivos, tu obligación moral es depurar tu discurso interior de liviandades». Es una buena táctica para delimitar sustantivamente el repertorio de significados.

En definitiva, un análisis adecuado de la comunicación exige prestar atención al intento de los agentes sociales implicados en la comunicación de controlar su recepción. Este control es mucho más acuciante según se dilata la (inter)mediación entre emisión y lectura. Y la idea central que ahora debemos retener es que los medios que se han ido desarrollando a lo largo de la historia para asegurar tal control son complejos y variados. En realidad, sea de una manera o de otra, este es el asunto que más nos va a preocupar a lo largo de este libro. Ello no obsta para que, de momento, nos limitemos a señalar el que quizás sea el medio más obvio: Descontextualizar, o sea, minimizar el impacto del sobrentendido –en concreto, la comprensión y valoración del lector– en la producción del significado. Cautela que la sabiduría popular ha recogido en una expresión habitual de la lengua castellana: «No conviene dar nada por sobrentendido». En términos semióticos, se trata de incorporar dentro del mensaje toda aquella información que en la comunicación cotidiana suele quedar asiduamente fuera de él. Así ocurre cuando se agregan descripciones sobre el espacio y el tiempo de los acontecimientos, o cuando se transcribe la corriente de pensamiento de tal o cual personaje o se dilucida el significado de tal o cual término. Otra técnica habitual es explicitar el sentido último de lo escrito con el objetivo de eliminar variaciones interpretativas. Por cierto, esta práctica se suele combinar –como hemos visto en Juan Ruiz y es habitual en otros escritores medievales– con la apelación a la honestidad del lector. Por último, si investigamos el fenómeno de la descontextualización estética en el largo plazo, descubriremos que el repertorio de estrategias disponibles suele cristalizar en diversas fórmulas o convenciones. Así ocurre cuando las costumbres y circunstancias fijan y estabilizan ciertas formas de comunicación en forma perceptible. Solemos referirnos a este fenómeno con la noción de género. Por esta razón, hablamos de géneros del habla, de la escritura o, en general, de géneros de la semiosis o la comunicación.

Empero, el intento de fijar para siempre el significado de un artefacto semiótico es de ordinario la historia de un fracaso. La sucesión de posibilidades comunicativas es impredecible, con el resultado de que, centrándonos en lo literario, el sentido único y último que podemos producir al hacer una búsqueda del significado de todas las palabras que contiene un escrito nunca podrá recoger todos los ecos que tales palabras han producido, producen y producirán en las mentes de los pasados, presentes y futuros lectores. Desde este punto de vista, cada mente es un registro peculiar del mundo y cada experiencia de vida contiene su propio diccionario con el que, faltaría más, tratamos de negociar nuestra vida en común.

2 El mensaje

Vamos a acotar con mayor precisión qué prácticas comunicativas van a centrar nuestra atención en las próximas páginas. Ello nos permitirá proponer una tipología utilitaria de los mensajes que intercambiamos cuando entramos en comunicación estética. Por motivos pedagógicos nuestro punto de partida en el capítulo anterior fue la interacción oral cotidiana. No obstante, ya avanzamos nuestro interés por la comunicación mediata, es decir, esa comunicación en que la situación de emisión no coincide con la de recepción. Ahora podemos deslindar más el asunto y añadir que nos interesan específicamente las prácticas comunicativas de naturaleza pública asociadas con los medios de comunicación de masas –y este es el sentido en que vamos a usar la noción de *comunicación estética*–. Esta decisión define un ámbito de investigación que incluye una gran variedad de mensajes, pues hemos de sumar a los tradicionales productos literarios y artísticos de la alta cultura, los artefactos culturales producidos y distribuidos en una sociedad caracterizada por la reproducción mecánica y digital y el alto nivel de consumo. Nuestra ampliación del foco de interés se debe, en definitiva, a la relevancia que la mediación cultural ha adquirido en las sociedades coetáneas e, igualmente, a la enorme influencia de los medios de comunicación en la formación y regulación de la opinión pública.

Luego, nos interesa qué es lo que se puede hacer con los mensajes de la cultura. Y un repaso a cómo se han teorizado las funciones de la comunicación puede ser un buen punto de partida. Quizás la versión más escueta sea la de Karl Bühler, quien distingue entre una *función referencial*, otra *emotiva* y otra *conativa*. Por la primera, se llama la atención sobre la capacidad de los signos para representar hechos y cosas, mientras que la segunda función nos recuerda que también sirven para expresar emociones, y la tercera, que se emiten para moldear la conducta del receptor. Obviamente, es difícil encontrar usos puros de la comunicación, siendo lo más común que unas funciones se solapen o combinen con otras. Hecha esta salvedad, señalaré que una ampliación de la clasificación de Bühler no añadiría información relevante para nosotros. Estoy pensando, por un lado, en la clasificación de Roman Jakobson, que incluye una supuesta función poética que sería propia del signo artístico por su mayor densidad estilística y retórica. Sin embargo, no me convenzo de su existencia. Más bien parece un intento de aislar el signo artístico de otras manifestaciones semióticas en base a una supuesta autorreflexividad solo presente en las bellas artes; y esta es una estrategia que hemos descartado en el párrafo anterior. Y, por otro lado, estoy pensando en funciones que Bühler no recoge y que podrían sernos de provecho, como es el caso de la función fática propuesta por Bronislaw Malinowski –emplear fórmulas y protocolos ritualizados para mantener la comunicación–, que en nuestra exposición vamos a subsumir bajo otras categorías –verbigracia, la noción de género–.[1]

Consideremos, además, que no solo evoluciona el organismo vivo, también lo hace la cultura, y fruto de esta evolución es la emergencia, supervivencia y desaparición a lo largo del tiempo de convenciones y situaciones que facilitan, organizan y controlan la comunicación humana. Tales convenciones y situaciones han sido las encargadas de canalizar, con mayor o peor fortuna, las funciones que acabamos de comentar. Pero me apresuro a añadir que cualquier intento de presentar un repertorio completo de estas convenciones y situaciones queda descartado por inviable: ¡Estamos hablando de todas las variantes creadas por la humanidad! Adoptaremos,

---

[1] Para una exposición más detallada de las funciones de la comunicación y su comparación con los actos de habla y los tipos de discurso, consultar el libro de José Hierro S. Pescador (166–178).

por tanto, un enfoque mucho más modesto derivado de una visión antropológica de los fenómenos estéticos. Asimismo, debemos enfrentarnos a otro problema relacionado, a saber, evitar en la medida de lo posible la imprecisión que encontramos en los intentos de reducir la comunicación estética a un número manejable de *modos* —categoría que, por cierto, es de alcance superior a la de género artístico—. Por ejemplo, es habitual clasificar los géneros literarios en cuatro macromodalidades: El modo dramático, el modo lírico, el modo narrativo y el modo ensayístico. Y sin necesidad de ahondar mucho, podemos observar problemas como las siguientes:

- Dado que la mayor parte de los dramas son narraciones, no se entiende bien el intento de separar los géneros teatrales del modo narrativo.
- Los ensayos también suelen incluir narraciones en su trama textual, por lo que resulta dificultoso clasificar textos de esta naturaleza bajo el modo narrativo o el ensayístico.
- El modo lírico se suele asociar en forma insistente con la función emotiva de la comunicación. Sin embargo, no tiene mucho sentido insinuar que en los otros modos la expresividad emocional no es un componente central del mensaje.

En fin, podríamos seguir enumerando otras dificultades asociadas con este tipo de clasificaciones que, según se podrá advertir, combinan de forma desigual aspectos genéricos de naturaleza histórica con una tipología de los contenidos de la comunicación artística. Así, desde la perspectiva del desarrollo de los géneros literarios es muy pertinente distinguir entre los géneros de la representación dramática y los géneros de la escritura. Esta distinción choca, no obstante, con el dato básico de que muchos de estos géneros comparten el mecanismo narrativo. De aquí nuestra opción por el criterio antropológico, esto es, por la búsqueda de lo que es común más allá de las diferencias culturales e históricas. Al dejar a un lado los marcadores genéricos, desechamos la obsesión clasificatoria que nos impele a decidir, antes de que comencemos cualquier análisis, si tal o cual artefacto estético es más bien un drama que una narración, o viceversa. Nos limitaremos, en su lugar, a proponer una tipología de la comunicación estética en base a las tres funciones generales de la comunicación que hemos venido comentando. Para completar este menester, reutilizamos la noción de modo o modalidad previamente introducida, dándole ahora un nuevo alcance.

Para empezar, asumimos que todos los mensajes de la comunicación estética se proponen actuar de una manera u otra en el receptor, por lo que la función conativa es común a todos ellos. En lo que se diferencian es en las estrategias que utilizan para informar, entretener, impresionar, conmover, convencer, seducir o manipular. En este sentido, las otras dos funciones —la referencial y la emotiva— nos avisan acerca de cuáles son las tendencias dominantes en unos u otros mensajes. Dicho de otra manera, lo habitual en la comunicación estética es el solapamiento de ambos componentes en combinaciones múltiples. No obstante, a la hora de comenzar nuestra investigación, debemos ser diligentes para captar las diferencias existentes entre aquellos mensajes en que predomina la dimensión informativa —transmisión de ideas y referencias a los datos de la realidad— de aquellos otros más enteramente preocupados por la expresividad emocional. Las estrategias de impacto en el receptor que utiliza el emisor dependen de estas diferencias. Tomando todo esto en consideración, al examinar el repertorio de convenciones y situaciones de la comunicación artística que nos ha legado la historia, descubrimos la presencia de dos modalidades estéticas relacionadas con la función representacional o referencial y una tercera más orientada a la expresión de los sentimientos. Veamos:

1. El *modo narrativo* o narrativa: Representación de las personas y de las cosas, del tiempo y del espacio, de las acciones.
2. El *modo ensayístico* o ensayo: Transmisión y discusión de ideas, valoraciones y juicios.
3. El *modo expresivo* o lírica: Comunicación de estados psicológicos, de actitudes ante la vida y los demás, de sentimientos y emociones.

Podemos afirmar que la historia de la comunicación estética no es más que el intento de los emisores de llegar a los receptores con la ayuda de estos modos. Cuando el intento ha dado lugar a fórmulas estables en el tiempo, hablamos de *géneros*. La diversidad histórica de estos últimos se ha visto facilitada por el entrelazamiento de dos factores: la posibilidad ya señalada de concertar los tres modos en mezclas inéditas y la disponibilidad histórica de unos u otros tipos de signos o medios de significación. Justamente, el tercer capítulo está dedicado a una exposición de estos medios. Pero antes, en lo que resta del presente capítulo, exploraremos con mayor detalle cada uno de los modos que acabamos de introducir.

2.1   Narrativa

La narración es una forma muy eficiente de organizar la información. Y si pensamos en términos generales, toda narrativa no es más que una serie de acciones ordenadas en el tiempo. Acción, orden, tiempo: Podemos visualizar con facilidad estos conceptos básicos con solo echar un vistazo a la historieta de *Krazy Kat* que presentamos en la figura 2. El panel incluye una serie de dibujos numerados del uno al diez. En cada uno de ellos se presenta un acontecimiento que debe ser examinado siguiendo la numeración ordinal. La disposición de las acciones queda reforzada por el mero hecho de que, para unos ojos acostumbrados a la escritura alfabética, la lectura de izquierda a derecha y de arriba abajo es segunda naturaleza. Por si fuera necesario eliminar cualquier tipo de ambigüedad, observemos que el panel está dividido en tres viñetas separadas por unas líneas gruesas que indican orden y elipsis temporales: Principio de la acción (viñeta superior), desarrollo de la acción (viñeta central), fin de la acción (viñeta inferior). El salto temporal se produce con el paso de una viñeta a otra, fenómeno que contrasta con lo que ocurre en el interior de la viñeta central, donde se presentan ocho momentos de un mismo acontecer.

Las acciones suceden en el tiempo, pero también en el espacio, en este caso en un paraje marino. Y, claro, todo lo que ocurre les ocurre a los personajes que protagonizan la historia, a lo que parece un ratón y un gato. Topamos en este punto con un asunto de interés, el de la situación comunicativa y sus implicaciones. Como se puede leer en el pie de la figura 2, la historieta se publicó el tres de septiembre de 1916, un domingo. Para los lectores de la época que tuvieran conocimiento de las aventuras de Ignatz Mouse y Krazy Kat, el significado de la acción que nos ofrece el panel se expande con la familiaridad acumulada a través de múltiples lecturas. Ya nos referimos a este tipo de fenómenos en el capítulo previo con la noción de sobrentendido. Efectivamente, a la altura de 1916, los lectores asiduos de *Krazy Kat* conocían muy bien a sus personajes, pues son incluso anteriores a la aparición de la tira cómica específicamente dedicada a ellos: Su autor, George Herriman, los introdujo en 1910 como personajes secundarios en otra de sus tiras, *The Dingbat Family*.[2] Así, esos lectores pretéritos sabían, por ejemplo, que Krazy es un gato o una gata –al parecer, nunca se aclaró del todo– caracterizada por la ingenuidad y las buenas intenciones, mientras que Ignatz es un ratón sin tan buenos propósitos y carácter. La gran obsesión de este último es lanzar un ladrillo a la cabeza de Krazy, quien siempre interpreta tal acción como una expresión de amor. Dado este planteamiento básico, el lector prevé que en cada historieta Ignatz intentará lanzar su famoso ladrillo a la enamorada cabeza de Krazy. Lo único que va a variar de una tira a otra son las circunstancias en que tal acción se enmarca.

En suma, las situaciones comunicativas están estrechamente asociadas con un sobrentendido, y este cambia cuando cambian aquellas. Por supuesto, hay un núcleo común de significación que, dado un conocimiento del código que utiliza el mensaje, está al alcance de cualquier lector con independencia de su situación espacio-temporal. En este caso, el lenguaje que necesitamos dominar es el del cómic o, cuando menos, el de la representación mediante imágenes. Afortunadamente, dada la similitud entre el signo y su significado en la representación pictórica, nos las habemos con uno de los lenguajes más accesibles, o sea, menos dependientes de la localización cultural y temporal del receptor. Solo que es muy difícil hallar mensajes indiferentes al sobrentendido, como se puede advertir si intentamos trasladar el núcleo común de significación del que hablaba al medio escrito:

El ratón avieso y el gato indolente

Érase una vez un ratón menudo que navegaba en una barca de buen tamaño por un mar de aguas no muy intranquilas. De pronto, creyó ver algo en la distancia. Sacó un catalejo y escudriñó el horizonte. Vio una frágil y pequeña caja impulsada por una rudimentaria vela; y, dentro de la improvisada nave, creyó reconocer a alguien. Un mar cada vez más encrespado terminó por acercar las dos embarcaciones, y nuestro ratón pudo certificar que en la otra descansaba apretadamente un gato de considerable tamaño. Visto lo cual, el ratón dejó el catalejo y echó mano a un ladrillo con la intención de lanzárselo

---

[2] *Krazy Kat* apareció inicialmente en el *New York Evening Journal*. Se publicó en varios formatos desde 1913 hasta la muerte del autor en 1944 ("Krazy Kat").

Figura 2

Krazy Kat (George Herriman, 09-03-1916). Personajes: Ignatz Mouse y Krazy Kat.

al felino. Pero de improviso el alboroto marino devino enfurecido y empinado oleaje que zarandeó sin contemplaciones ambas naves, de forma que gato y ratón salieron despedidos por los aires, embarcando cada uno de ellos en la nave del otro. El gato, acomodándose sin dilación, se durmió plácidamente. Pero el ratón, que no podía dar crédito a sus ojos, quedó refunfuñando dentro de la caja, justo cuando la calma chicha se apoderó del mar y el sol descendía suavemente por poniente.

Aparte de un código conocido y de una acción identificable, hay otros componentes en esta historia que son relevantes. Si no estuviéramos familiarizados con las fábulas de animales, sería difícil admitir como verosímil la presencia en la acción de un ratón y un gato marineros, y aún menos de un pequeño mamífero cuadrúpedo manipulando catalejos y ladrillos. No obstante, siempre se puede sustituir el diseño concreto de los personajes –un gato y un ratón personalizados– por otro menos problemático, una persona pequeña y aviesa y otra de mayor tamaño e indolente. Pero ello implicaría pérdida relevante de información, pues uno de los aspectos más interesantes de *Krazy Kat* es la inversión paradójica que vuelve del revés la relación usual entre un depredador y su almuerzo favorito. De hecho, no nos cabe duda que cuando Ignatz Mouse y Krazy Kat fueron presentados al público americano por primera vez, parte importante de su impacto se debió a que rompían esquemas preestablecidos de lo que se puede esperar del comportamiento de roedores y felinos.

Por otro lado, el lector habrá reparado que al efectuar la adaptación de la historieta a una versión escrita, hemos introducido cambios estructurales de gran calado en la manera en que se transmite la acción. El resultado ha sido una *narración* en prosa que, obviamente, se ajusta a la definición que propusimos al comenzar esta sección –acciones ordenadas en el tiempo–, pero que se ajusta incluso mejor a otra definición más restringida: Una narración es una historia relatada por un narrador. En esta versión, la noción de historia incorpora en sí misma la idea de ordenación temporal de las acciones, y lo que ahora aparece resaltado es el acto de comunicar tales acciones. Se describe, de esta manera, lo que puede ocurrir cuando el medio expresivo que transmite la narración incluye los sonidos articulados del lenguaje natural –film, drama, oratoria, etc.– o la representación escrita del habla –poesía o prosa narrativa, novela gráfica, publicidad gráfica, etc.–. En estas situaciones aparece la figura del narrador como remedo o imitación del emisor empírico o real de la comunicación oral cotidiana. Esta estrategia suele crear confusión en los analistas de la comunicación novicios. Por este motivo, vamos a especificar cuáles son los dos niveles implicados en la comunicación estética y, también, a clarificar el significado de sus componentes básicos.

Como vimos en la figura 1, el esquema de la comunicación incluye un emisor, un mensaje y un receptor. Dado que nuestro punto de partida es la comunicación hablada en los contextos de la vida diaria, ya comentamos que lo habitual en estos casos es una comunicación inmediata: Emisor y receptor suelen compartir el mismo marco espacio-temporal, o cuando menos el mismo marco temporal. Para la comunicación estética, el esquema equivalente sería el que presentamos en la figura 3.

Al igual que en la comunicación hablada, el emisor y el receptor son seres empíricos o reales, es decir, personas de carne y hueso. La diferencia clave es que el emisor y el receptor no suelen compartir el mismo marco espacio-temporal. Esto es, el creador o creadores del mensaje estético suelen trabajar en un tiempo previo y en un espacio distinto al del momento y el lugar de la recepción. Se trata del fenómeno de la comunicación mediata que ya hemos comentado. Pues bien, cuando el mensaje estético es una narración, el esquema se transforma de la manera que se puede apreciar en la figura 4.

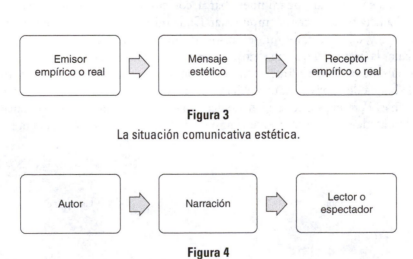

Figura 3
La situación comunicativa estética.

Figura 4
La situación comunicativa en el caso de una narración.

El autor sigue siendo un emisor empírico, y lo mismo cuenta para el caso del lector y el espectador: Personas de carne y hueso. Lo interesante, nuevamente, es que al tratarse de una comunicación mediata, el autor puede haber desaparecido de la faz de la Tierra en el momento en que se produce la recepción de la narración. Consiguientemente, los desajustes entre el sobrentendido del autor y el sobrentendido del lector pueden ser tales que lleguen a impedir una comunicación exitosa. Esto es lo que nos ocurre cuando vemos películas muy antiguas o producidas en países con tradiciones culturales desconocidas para nosotros. Ya se indicó en el capítulo anterior que la estrategia más común para evitar las limitaciones de la comunicación mediata es el control del sobrentendido, y que una de las técnicas normales es producir un mensaje que esté descontextualizado lo máximo posible. Alternativamente, el autor puede utilizar dispositivos que especifiquen el sobrentendido que manejaba cuando elaboró su narración. Recordemos que ya se señaló la presencia de esta técnica en la disputa de griegos y romanos del Arcipreste de Hita. En estos casos, el autor le intenta especificar al lector el conocimiento y la valoración de la situación comunicativa más adecuados para que no se le tergiverse el sentido de su mensaje. La incorporación de un narrador a la narración facilita este objetivo.

Ahora, no hay que dejarse confundir por lo que, en definitiva, no es otra cosa que una emulación de la comunicación oral. Cuando dejamos atrás los marcos espacio-temporales empíricos entramos en unos marcos puramente virtuales. Lo mismo se puede decir de los seres que habitan los respectivos marcos, reales en un caso, virtuales en el otro. De esta forma, el mundo que encontramos al entrar en una narración es siempre ficticio, una aproximación más o menos probable al mundo real. Y este asunto hay que tomárselo en serio, sobre todo si queremos hacer un análisis que merezca el calificativo de crítico. Observemos con atención, pues, el esquema de la situación comunicativa del relato o situación narrativa que presentamos en la figura 5. Advertiremos que el papel del autor de carne y hueso queda usurpado por el de un narrador fingido –que sigue siendo fingido aunque el narrador se identifique a sí mismo utilizando el nombre del autor–. Por su parte, la figura del lector o espectador real se ve apropiada por una instancia ficticia a la que vamos a denominar narratario.

De la misma manera que el autor empírico se dirige a un lector real, el narrador virtual se dirige a un narratario ficticio. En ambos casos nos las habemos con entidades que habitan niveles de la comunicación separados por una distancia ontológica que no se puede cruzar –salvo en la ficción–. Por esta razón, siempre se puede prescindir de la figura del narrador en cualquier narración, pero nunca de su creador, sea este un autor individual o colectivo. Así, la historieta de *Krazy Kat* es una instancia de narración sin narrador, mientras que mi versión escrita introdujo la mediación de uno. Pero puestos a ello, este mismo autor, *yours truly*, puede perpetrar otra versión cambiando por completo las características del narrador. Por ejemplo, ¿qué pasaría si en lugar de utilizar un narrador externo a la historia, decido que uno de los personajes, el ratón, nos cuente la peripecia desde dentro? He aquí un resultado posible:

Manuscrito encontrado en una botella

Hoy ha sido uno de los días más aciagos de mi corta existencia. Todavía me duele la cabeza de recordarlo. Salí bien temprano a comprobar que mi nueva barca, con sus listones de madera reluciente y su timón de precisión, estaba lista para surcar el amplio mar. Dada mi naturaleza previsora, iba bien provisto de un utilísimo catalejo y, claro está, de mi hermoso ladrillo rompecocos. Todo parecía ir como la seda, cuando creí adivinar la presencia de otra embarcación en la distancia. Con el anteojo pude localizar una pequeña caja impulsada por una rudimentaria vela; y, dentro de ella reconocí la figura remolona de una vieja conocida, la buena de Krazy. Nunca hubiera imaginado que la gata menos gata del mundo tuviera aspiraciones marinas. Pero el asunto tiene su lógica: Solo alguien como ella se embarcaría en una caja de madera mal rematada con un palitroque y un pedazo de papel encerado. Esta era la mía. Maniobré

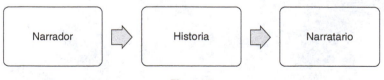

Figura 5
La situación narrativa o situación comunicativa del relato.

hábilmente el timón y me fui acercando sin prisa pero sin pausa hacia donde se encontraba mi gata favorita. Los dioses parecieron escuchar mis plegarias, pues se levantó un viento ligero que aceleró el paso de mi barca. Visto lo cual, dejé a un lado el anteojo y eché mano de mi inseparable ladrillo. No sé si el lector misericordioso se podrá imaginar para qué. Pero en ese punto, el alboroto acuático devino enfurecido y empinado oleaje que zarandeó sin contemplaciones nuestras naves. No se lo podrá creer, amigo y futuro benefactor: Krazy y un servidor salimos disparados por el aire como si fuéramos marionetas y una mano enemiga guiara nuestro vuelo. Quedé atontado por el impacto y cuando recobré un poco mis sentidos no pude dar crédito a mis ojos: Krazy roncaba cómodamente estirada en mi barca, mientras que yo había terminado el revuelo empotrado en su caja miserable. Para más inri, la calma chicha se había apoderado del mar y el sol descendía suavemente por el poniente. ¡Se acercaba una noche ominosa y vaya usted a saber cuándo podríamos llegar a tierra firme! Volteé la cabeza y pude ver en el fondo del que ya imaginaba como mi ataúd una botella vacía y recado de escribir…

Si nos fijamos con atención, veremos que no sólo he cambiado el narrador –hemos pasado de una voz en tercera persona a otra en primera, de una entidad que observa todo desde fuera de la acción a otra que participa activamente en ella–, también he introducido un narratario explícito que en la primera versión funcionaba tácitamente. Me refiero a esas referencias al «lector misericordioso» y al «amigo y futuro benefactor». En última instancia, cuál sea el narrador y el narratario elegidos por un autor dependerá de los objetivos que este se proponga con su comunicación –aunque siempre dentro de un repertorio de situaciones comunicativas cultural e históricamente factibles.

Esta flexibilidad de que dispone todo creador es fácil de entender con solo distinguir entre *historia* y *discurso narrativo* o *relato*. De hecho, ya hemos hecho un buen uso de esta diferencia al buscar un núcleo común de significación para adaptar la historieta de Herriman al medio escrito. De aquí que podamos hablar de una misma historia expresada en dos relatos o discursos narrativos distintos. Bueno, en realidad en tres relatos distintos si tomamos en cuenta la nueva versión autobiográfica que acabamos de leer. Por descontado, la distinción es tremendamente útil para los que nos dedicamos al análisis de la comunicación, ya que nos avisa de la necesidad de diferenciar las acciones de una narración de las condiciones de su comunicación discursiva. Como se muestra en el cuadro 1, esta es la estrategia que hemos elegido a la hora de confeccionar nuestro modelo dedicado al análisis de las narraciones.

El lector podrá reparar al consultar el cuadro que la columna dedicada al relato incorpora un número de variables mayor que el correspondiente a la columna de la historia –resultado, por la mayor parte, de la preocupación del autor por controlar el sobrentendido–. Ello indica que el análisis del discurso narrativo puede ser asunto bastante complejo. Nuestra recomendación, sin embargo, es comenzar el análisis de cualquier narración por la historia: ¡Si no entendemos adecuadamente qué es lo que ocurre, será difícil evaluar correctamente el relato! En lo que queda de esta sección seguiremos este consejo, esto es, empezaremos describiendo las variables recogidas en la columna de la historia y terminaremos con las de la columna del relato o discurso narrativo.

2.1.1 Historia

Las tres variables básicas son los *personajes*, el *marco* y las *acciones*. El orden de análisis no es lo más relevante, aunque siempre es útil fijar el núcleo de significación de la historia resaltando las principales acciones en un resumen escrito. Es una buena práctica de escritura y, además, afila nuestra capacidad de atender a los detalles al crear distancia entre el momento de la recepción y el momento del análisis.

Los personajes. Hacemos una distinción entre *diseño* y *caracterización* para designar la dimensión sistémica del personaje, por un lado, y sus rasgos particulares, por el otro. Pensar en el diseño de los personajes implica considerar a todos los personajes de la narración en su conjunto. Como ocurre en la sociedad real que habitamos, el dato clave del mundo social representado en la narración son las relaciones que mantienen los personajes entre sí. Hay personajes centrales porque suele haberlos secundarios, hay protagonistas porque suele haber antagonistas, los hay jóvenes porque no son viejos, mujeres porque no son hombres, ricos porque no son pobres, y así con respecto a otros detalles de interés. En definitiva, pensar en el diseño implica pensar en las elecciones conscientes o inconscientes que llevaron al autor a escoger un determinado número de personajes con un conjunto específico de rasgos en lugar de otro. Y tan importantes pueden ser los tipos de personajes que están

| Narración ||
Historia	Relato o Discurso narrativo

• *Personajes*
  ◆ Diseño
  ◆ Identificación
  ◆ Caracterización
• *Marco*
  ◆ Espacio
  ◆ Tiempo (ordo naturalis)
• *Acciones*
  ◆ Exposición
  ◆ Complicación
  ◆ Desenlace
	• *Tiempo del discurso narrativo*
	  ◆ Ordo artificialis
	    ▪ Ab ovo
	    ▪ In medias res
	    ▪ In extremas res
	    ▪ Técnicas (analepsis, prolepsis)
	  ◆ Velocidad
	• *Narrador*
	  ◆ Narratario
	  ◆ Situación espacio-temporal
	    ▪ Relato ulterior
	    ▪ Relato anterior
	    ▪ Relato simultáneo
	  ◆ Participación
	  ◆ Confiabilidad
	• *Focalizador*
	  ◆ Interno
	  ◆ Externo
	  ◆ Omnisciente

Cuadro 1

Modelo para analizar narraciones.

efectivamente presentes en la historia como aquellos otros que no están representados, o sea, que brillan por su ausencia –siempre contando con el trasfondo de la sociedad empírica que habita o habitaba el autor real–.

La caracterización depende del diseño. Nos preocupa específicamente la información disponible en relación con las características físicas, psicológicas y conductuales de los distintos personajes considerados. Pero, ojo, las fuentes de información pueden ser variadas. A veces, el narrador u otro personaje informa de manera directa acerca de los rasgos que considera relevantes de tal o cual personaje. Pero también debemos prestar atención a las fuentes indirectas de información, como son el tipo de habla de los personajes, aquello de lo que hablan y, por supuesto, su conducta concreta a lo largo de la narración. Dado que las fuentes directas e indirectas pueden aportar gran cantidad de datos, hay que investigar si hay contradicciones o no entre unas fuentes y otras. Sin ir más lejos, una característica muy importante de la novela moderna –cuyo origen se encuentra en la literatura castellana de los siglos XV y XVI– es la creación multiperspectivista de los personajes. En este tipo de narrativa, el lector tiene que elaborar activamente las distintas fuentes de información para reconstruir una imagen acabada de los distintos participantes en la acción, especialmente de los protagonistas.

Por último, en la *identificación* de los personajes confluyen diseño y caracterización. En su acepción más simple, la identificación no es más que el acto de nombrar con una designación específica –puede ser un nombre propio o no– a tal o cual personaje. Por ejemplo, el nombre propio puede aportar algún rasgo clave. De aquí que no sea casual identificar a un personaje femenino con el nombre de Milagros o Dolores, o a un personaje masculino con el nombre de Inocente o Salvador. Utilizar nombres comunes como nombres propios es una práctica común en la tradición onomástica ibérica. También lo es el utilizar el nombre del santo del día para bautizar a los recién nacidos. Pero cuando estas prácticas aparecen en la ficción, lo más adecuado es preguntarse el porqué de la elección. En todo caso, las estrategias de identificación pueden ser de lo más variadas, incluyendo la decisión de no nombrar a los personajes, lo cual podría ser síntoma de que están sujetos a un diseño tipológico o estereotípico.

El marco.   Las acciones ocurren y los personajes habitan un *espacio* y un *tiempo* que pueden estar más o menos descritos a lo largo de la narración. Con relación al espacio conviene tomar en consideración si se trata de un mundo rural o un mundo urbano, pues hay valoraciones y posibilidades específicas que se suelen asociar con estos ámbitos. Tenemos que prestar atención, además, a cómo cambian esas valoraciones y posibilidades de unos tiempos a otros y de unas culturas a otras. También resulta relevante averiguar si los espacios en que se desenvuelve la historia tienen un carácter público –plazas, calles, teatros, mercados, etc.– o un carácter privado –interiores de las casas, habitaciones de hotel, etc.–. Los motivos son los ya aducidos: Las valoraciones y posibilidades asociadas en este caso con la oposición entre lo público y lo privado.

El análisis del tiempo merece una consideración distintiva. Recordemos, si no, la definición primera de narrativa que estudiamos, una ordenación en el *tiempo* de las acciones. Ahora, si desplazamos de nuevo nuestra atención al cuadro 1, notaremos que hay tres variables asociadas con el tiempo: El *tiempo de la historia*, por un lado, y ya dentro de la columna del relato, el *tiempo del discurso narrativo* y la *situación temporal del narrador*, por el otro. Se trata de tres niveles distintos que interaccionan dando lugar a configuraciones que pueden llegar a ser muy complejas. Para facilitar su comprensión, prestaremos atención, brevemente, a las tres versiones de la aventura marina de Ignatz y Krazy.

En la historieta de Herriman, la acción se despliega en tiempo presente delante de nuestros ojos. Esta experiencia es la habitual en medios expresivos como el cómic, el cine, la televisión y el teatro. A manera de contraste, observemos que en mis dos versiones escritas, los tiempos verbales que utiliza el narrador son por la mayor parte tiempos del pasado –pretéritos, imperfectos, presentes perfectos, etc.–. La razón es que el narrador se coloca a sí mismo en un momento presente, que es el momento de la comunicación de la narración, y a la acción narrada la coloca en un pasado que puede estar más o menos definido. Así, en la primera de mis dos versiones (*El ratón avieso y el gato indolente*) no hay ningún tipo de información acerca de cuánto tiempo ha pasado desde que ocurrieron las peripecias del gato y el ratón y el momento en que el narrador relata la historia. Por contrapartida, en la segunda de mis versiones (*Manuscrito encontrado en una botella*), el narrador –Ignatz– incluye el acto de la escritura de la narración y, por tanto, de la comunicación, en el interior del texto. Al acabar la peripecia, y antes de que caiga la noche del todo, Ignatz utiliza el recado de escribir que encontró en la embarcación de Krazy para redactar un manuscrito pidiendo ayuda. Puesto que estamos leyendo el manuscrito, deducimos que Ignatz introdujo el manuscrito en la botella que descansaba en el fondo de la caja y, a continuación, la lanzó al mar. En definitiva, toda narración que utiliza el dispositivo del narrador no puede por menos que especificar, con mayor o menor precisión, la situación temporal del narrador con respecto a la acción que comunica. La clave se encuentra en los tiempos verbales que el narrador utiliza para detallar la acción y para describir el espacio y el tiempo de la historia. Las posibilidades de que dispone el narrador están predeterminadas por los tiempos verbales disponibles en la lengua natural, que como sabemos son tres: Presente, pasado y futuro. Por supuesto, en el caso de las narraciones que carecen de narrador, no tiene ningún sentido preguntarse por su situación temporal: El lector o espectador es testigo en tiempo presente del transcurrir de las acontecimientos.

La segunda dimensión temporal asociada con el análisis del relato es el tiempo del discurso narrativo. Con independencia de que una narración tenga o no narrador es primordial que nos preguntemos si hay discrepancias entre el tiempo de la historia y el tiempo del relato. Una guía de qué queremos decir con esto se encuentra en las etiquetas que he colocado al lado de cada una de estas variables. Al ojear el cuadro 1, veremos entre paréntesis en la parte dedicada al tiempo de la historia la etiqueta latina *ordo naturalis*, que en castellano quiere decir 'orden natural'. Con esta expresión señalamos que el tiempo de la historia siempre hay que pensarlo en términos de la ordenación cronológica de los acontecimientos, es decir, tal como ocurren en la vida empírica o real. ¿Qué se quiere decir con una ordenación cronológica? Quiere decir que todavía no ha venido nadie del futuro para decirnos que no sólo existen las máquinas o los túneles del tiempo, sino que además se han utilizado y funcionan como puede atestiguar el *eternauta* que nos está comunicando el fenómeno. La conclusión, salvo prueba mayor, es que la línea del tiempo es irreversible, de forma que los acontecimientos transcurren según la numeración ordinal. El pensar el tiempo de la historia en estos términos, es decir, en términos cronológicos, es tremendamente útil para analizar los juegos temporales que están a disposición del autor de una narración. De aquí que la etiqueta que hemos colocado al lado del tiempo del discurso narrativo sea la expresión latina *ordo artificialis*, que en castellano significa 'orden artificial'. Esta expresión indica que el autor puede elegir para su narración un orden temporal que sea distinto al orden natural de los acontecimientos. Volviendo a la historieta de Herriman, observemos que el orden de los acontecimientos en la narración reproduce el orden natural de la historia. Esto es, empezamos por el principio, seguimos por las acciones sucesivas y terminamos por el final.

Lo mismo se puede decir de mi primera versión (*El ratón avieso y el gato indolente*), dado que sigue el orden en que los dibujos presentan la acción. Sin embargo, la situación es distinta en mi segunda versión (*Manuscrito encontrado en una botella*), pues decidí empezar por el final, es decir, cuando la peripecia había concluido. Ahora bien, nada nos impide empezar en medio de la acción. Verbigracia, de la siguiente manera:

Manuscrito encontrado en una botella bis

Hoy ha sido uno de los días más aciagos de mi corta existencia. Después de un súbito golpe de mar, salimos disparados por el aire como si fuéramos marionetas y una mano enemiga guiara nuestro vuelo. Quedé atontado por el impacto y cuando recobré un poco mis sentidos no pude dar crédito a mis ojos: Krazy roncaba cómodamente estirada en mi barca, mientras que yo había terminado el revuelo empotrado en su caja miserable. ¿Cómo habíamos llegado a esta situación? Si alguien me lo hubiera dicho unas horas antes, no me lo hubiera podido creer. Salí de casa bien temprano, con los primeros rayos de sol. Todo estaba listo para surcar el amplio mar: La barca era nueva, sus listones, de madera reluciente, el timón, de precisión…

La primera oración («hoy ha sido uno de los días más aciagos de mi corta existencia») nos informa que el narrador escribe el mismo día en que ocurrieron los acontecimientos y una vez han concluido. Con la segunda oración («después de un súbito golpe de mar, salimos disparados por el aire…»), vamos hacia atrás en el tiempo, aunque no al principio o al final de la acción, sino a su meollo, justo en el momento en que la acción culmina. Pero, atención, no se debe achacar inocentemente al narrador la decisión sobre cómo manejar el tiempo en el discurso narrativo, sino directamente al autor. Dicho con otras palabras, el *ordo artificialis* es una dimensión de toda narrativa con independencia de que el autor use o no un narrador o del medio expresivo que utilice. Así, Herriman podría haber empezado su historieta por la tercera viñeta en lugar de por la primera, o por el medio de la acción utilizando uno de los dibujos de la viñeta central. Todo autor tiene a su disposición convenciones que le permiten la manipulación del orden temporal de su narración, y la manipulación de la situación temporal del narrador es sólo una de ellas. Por este motivo, en términos de la situación temporal del narrador, lo que resulta relevante en mis versiones de la historieta de Herriman es, simplemente, que la comunicación de la historia ocurre después de que la historia ha concluido. Pero cuál sea el momento de esa historia pasada que se elige para empezar la comunicación es asunto de otro costal que no debemos asociar con la situación temporal del narrador sino con el tiempo del discurso narrativo.

Las acciones.   Desde el punto de vista del tiempo de la historia y debido a su naturaleza lineal, solo cabe pensar en el desarrollo de la acción en términos de un *comienzo* o *exposición*, que se ve seguido de una *complicación* y un *desenlace final*. La exposición cumple la función de, por un lado, presentar los personajes –agentes o *actantes*– de la acción y, por otro, recrear el escenario –el espacio y el tiempo– en que la acción ocurre. El planteamiento de partida se va complicando según se desarrolla la interacción de los personajes entre sí y su relación con el entorno. Es habitual que esta complicación culmine en un *clímax* que dé paso a una situación de estabilidad o desenlace.[3]

La historieta de Herriman es un ejemplo ideal para visualizar esta breve descripción. La viñeta final o desenlace nos presenta una situación estable con un mar en calma. Esta calma final contrasta sobre todo con el dinamismo de las acciones representadas en la viñeta central; las cuales, a su vez, también divergen del panorama más sosegado que hallamos en la primera viñeta. En términos de cómo se administra la tensión, la acción va *in crescendo* desde el dibujo inicial hasta su culminación en el dibujo número ocho en que se produce el trasbordo de los protagonistas. Por este motivo, podemos afirmar que el clímax de la acción se localiza en este dibujo. En cuanto a la función de los dos últimos –el nueve y el diez– no es otra que disipar la tensión y concluir la acción.

A ojos vistas, se trata de una historieta con un desarrollo de la acción bastante sencillo. Sin embargo, la gracia o interés de muchas otras narraciones reside en la complejidad del desenvolvimiento de la acción.

---

[3]El estudiante interesado en ampliar estas explicaciones puede consultar los diccionarios de narratología que están disponibles en Internet o, mucho mejor, los dos diccionarios en papel consignados en la bibliografía (Carlos Reis y Ana Cristina M. Lopes, José R. Valles Calatrava).

Un buen ejemplo de este tipo es la película *Memento* (Christopher Nolan, 2000), que incluye dos líneas de acción entrelazadas, una que sigue el orden cronológico de la historia y otra que lo desanda. No cabe duda, la variedad de desarrollos y desenlaces disponibles es enorme y es prácticamente imposible clasificarlos en forma económica. Lo dejamos al buen criterio del analista, y con el reconocimiento de que el estudio de la comunicación estética es un arte que va mejorando con la práctica. Finalmente, un consejo práctico: No pasemos por alto que la manipulación del tiempo de la historia en el *ordo artificialis* del relato siempre lleva aparejado un trabajo de reordenación de la acción y, por tanto, del esquema básico exposición® complicación® desenlace que hemos comentado. Y una conclusión: La creación de suspense y el buen gobierno de la tensión dependen en gran medida del control que el autor ejerce sobre el marco espacio-temporal de la acción.

2.1.2   Relato o discurso narrativo.

Cuando hablamos de la historia nos preocupa por encima de todo la información que la narración transmite, mientras que al pensar en el *relato* nos interesa cómo se comunica esta información. Ya hemos avanzado parte de nuestro trabajo en conexión con esta segunda cuestión al comentar las variables relacionadas con la manipulación del tiempo en el acto de contar, o al distinguir los narradores en primera persona de los narradores en tercera persona, o al señalar el papel del narratario. Ahora especificaremos algunos detalles más e introduciremos una categoría central a la que aún no nos hemos referido explícitamente, la de *focalización*.

El tiempo del discurso narrativo.   Nos interesa distinguir en este apartado la *ordenación del tiempo* de su *velocidad*. En relación al primer punto –la ordenación– ya introdujimos las ideas básicas al discutir la diferencia entre el *ordo artificialis* y el *ordo naturalis*. Según vimos, el tiempo del discurso hay que entenderlo siempre como un orden artificial que se aleja más o menos del orden natural de la historia. Las posibilidades son tres y las hemos etiquetado con expresiones latinas. La que más se acerca a reproducir el tiempo de la historia se denomina *ab ovo* –desde el huevo– porque se narra la acción comenzando por su inicio. La ordenación opuesta recibe el nombre latino de *in extremas res*, que indica que se comienza la narración por el final de la historia. Finalmente, como ejemplificamos con una de nuestras narraciones dedicadas a *Krazy Kat*, se puede comenzar el relato en el medio de la historia, o sea, en algún punto entre el principio y el final, y a esta variante la etiquetamos con la expresión *in medias res*.

Las técnicas de que un autor dispone para narrar contraviniendo el orden natural de la historia, son fundamentalmente dos: La *analepsis* y la *prolepsis*. La primera, que en inglés recibe el nombre de *flashback*, consiste en un retroceso en la línea temporal. Ello puede ocurrir en cualquier momento del transcurrir de la historia, sea a través del narrador principal, o a través de uno de los personajes convertido momentáneamente en instancia narradora, o a través de otras técnicas asociadas con el medio de expresión que estemos analizando. La técnica de la prolepsis (*flashforward*) es la opuesta a la anterior, o sea, desplazamientos temporales hacia el futuro. Si el autor utiliza al narrador para este menester, el acontecimiento futuro puede referir a acciones que son parte de la historia. En otras instancias, como cuando la prolepsis se hace a través de un personaje, se puede tratar simplemente de un estado de cosas que tal persona imagina o desea que ocurra.

Yendo ahora al segundo punto –la velocidad–, los acontecimientos y las acciones de la historia pueden transcurrir con mayor o menor ritmo o aceleración. Esta variable es independiente de la ordenación del tiempo que el autor haya escogido. El fenómeno se puede visualizar fácilmente con la ayuda de ciertas convenciones fílmicas. En una película lo normal es que la mayor parte de las acciones parezcan pasar en tiempo real. Así suele ocurrir cuando los personajes conversan, pues una aceleración o una ralentización de la acción implicaría una emisión oral distorsionada o quizás un desacoplamiento entre los movimientos de la boca y los sonidos escuchados por el espectador. Obviamente, un director de cine puede utilizar tales efectos para remarcar la ficcionalidad de la historia, pero no suele ser habitual. Ahora, en otras ocasiones la ralentización o aceleración de las acciones se suele usar sin menoscabo de la verosimilitud. A ningún espectador actual parece preocuparle que una misma explosión, que en tiempo real duraría un par de segundos, se presente desde distintos ángulos una y otra vez al tiempo que se ralentiza en todas las ocasiones la sucesión de las imágenes. Se trata de técnicas habituales que se han convertido en convenciones admitidas por la generalidad del público. Pues bien, contra lo que pueda parecer, estamos hablando de técnicas que están disponibles para cualquier autor de cualquier medio expresivo. La única diferencia es en el tipo de convenciones utilizadas, pues estas dependen estrechamente del medio utilizado.

El narrador.   La incorporación de un narrador a una narración lleva aparejada la evaluación de una serie de variables que hacen de este dispositivo una herramienta muy poderosa en manos de un autor creativo. Un primer aspecto a considerar es a quién se dirige el narrador, con quién se está comunicando. Ya hemos informado en su momento que esta instancia receptora del relato recibe el nombre de narratario. El discurso del narrador puede incorporar o no referencias explícitas al narratario, pero con independencia de ello su existencia no se debe poner en duda. En última instancia el diseño del narrador depende del tipo de narratario al que se dirige. Ya discutimos un fenómeno similar al hablar de los personajes: No son entes individuales sino componentes de una totalidad resultante de las relaciones que mantienen consigo mismos y con el resto de personajes. Lo mismo cuenta para el sistema formado por el narrador y el narratario. Dicho esto, hay que advertir que el diseño de la relación que los une no puede ser independiente de qué lectores empíricos tuviera el autor en mente cuando planeó su narración. A lo que debemos añadir, que esta relación varía necesariamente con el género o convenciones elegidos por el autor, ya que no es lo mismo buscar la identificación del lector empírico con los personajes de la acción –caso de la tragedia o el melodrama– que buscar su distanciamiento –caso de la comedia–.

En otro orden de cosas, el discurso del narrador siempre incorpora información relevante acerca de cuándo y dónde está el narrador narrando. Que esta información sea más o menos precisa depende del tipo de narrador que estemos analizando. No es asunto muy complicado. Cuando un narrador informa del lugar en el que se encuentra en el momento de comunicar la historia, tiene que utilizar necesariamente la primera persona verbal –yo, nosotros–. Por consiguiente, los narradores en tercera persona suelen transmitir su situación espacio-temporal con menor precisión que los narradores en primera persona. Lo pudimos ver al comparar mis dos versiones de la historieta de Herriman. En *El ratón avieso y el gato indolente,* lo único que sabemos es que el narrador utiliza los tiempos verbales del pasado para significar que la historia ocurrió en un tiempo pretérito al del acto de comunicarla. La información es mucho más rica en el *Manuscrito encontrado en una botella,* ya que sabemos con bastante precisión el cuándo y el dónde de la comunicación. Hay que decir, también, que no todos los narradores en primera persona son iguales, y cuáles sean sus características explica en gran medida la cantidad de información suministrada. Así, cuando el narrador es el protagonista de la historia –narración autobiográfica– la información suele ser muy precisa, pues la narración de la historia de la propia vida se hace siempre desde un presente –el momento de la comunicación– que necesita ser explicitado y justificado por los acontecimientos del pasado. Cuando la primera persona que narra es la de un testigo de la historia, no hay ninguna necesidad de informar acerca de la situación espacio-temporal del narrador en el momento de la comunicación –aunque sí tiene que haber información sobre la presencia del narrador en el marco espacio-temporal de la historia–. Lo mismo cuenta para el caso de una primera persona que se limita a transmitir una historia en la cual no ha intervenido y de la que no ha sido testigo. En este caso, el narrador en primera persona es un mero transmisor, bastante cercano en términos de diseño al narrador que utiliza la tercera persona. Pero, repito, la incorporación de un narrador en primera persona siempre abre la posibilidad de agregar a la narración información pertinente sobre la localización espacio-temporal del narrador en el momento de narrar. Que el autor decida añadir esta información o no depende del diseño global de la narración.

Cuando menos, siempre es posible determinar la situación temporal del narrador con sólo inspeccionar los tiempos verbales que utiliza en su discurso. Así, hablamos de un *relato ulterior* cuando el discurso emplea los tiempos del pasado, y de uno *anterior,* cuando predominan los tiempos del futuro. El *relato simultáneo,* lógicamente, es el equivalente al tiempo narrativo que describimos al hablar de la historieta de Herriman: Una temporalización que exhibe la acción consecutivamente y como si estuviera ocurriendo en tiempo real delante de nosotros –estándar en medios como el film, la televisión y el drama–. La idea de simultaneidad implica que el narrador está narrando en paralelo a la ocurrencia de las acciones, para lo cual necesita pasar a los tiempos del presente. Podemos elaborar un ejemplo con solo sustituir los tiempos del pasado de nuestra primera versión de *Krazy Kat* por los tiempos del presente. De esta manera tan simple un relato ulterior se transforma en uno simultáneo:

El ratón avieso y el gato indolente bis

Un ratón menudo navega con una barca de buen tamaño por un mar de aguas no muy intranquilas. De pronto, distingue algo en la distancia. Saca un catalejo y escudriña el horizonte. ¿Qué ve? Una frágil y pequeña caja impulsada por una rudimentaria vela; y, dentro de la improvisada nave, reconoce a alguien…

No es necesario ampliar más la explicación de la situación temporal del narrador, por lo que cerraremos estos comentarios sobre el narrador enfatizando dos variables que, en ocasiones, juegan un papel muy importante: La *participación* y la *fiabilidad*. La primera –la participación– hace referencia a la relación que el narrador tiene con la historia que cuenta. Las posibilidades básicas ya las hemos reseñado. Los narradores en primera persona están más implicados, de una manera o de otra, en los acontecimientos que transmiten, sea como participantes, como testigos o como transmisores. También son transmisores los narradores en tercera persona, pero la diferencia es que estos últimos no se identifican a sí mismos –para lo cual necesitarían pasar automáticamente a la primera persona– y, por tanto, no pueden especificar qué tipo de relación mantienen con la historia relatada. Se puede argumentar, por cierto, que el narrador en tercera persona tiene entre sus objetivos el no llamar la atención sobre sí mismo, esto es, el intentar substraerse al escrutinio del lector o espectador empírico.

En cuanto a la confiabilidad del narrador, indiquemos que se trata de un asunto peliagudo, pues en muchas instancias narrativas resulta difícil de juzgar. Lo importante, para empezar, es la búsqueda de contradicciones: Primero, dentro del propio discurso del narrador y, segundo, entre el discurso del narrador y otros componentes de la narración independientes del narrador, como es el caso del comportamiento y del discurso directo de los personajes. En otras ocasiones, la falta de confiabilidad no depende tanto de las contradicciones que podamos encontrar en el discurso del narrador cuanto del estilo de su discurso. Si, por ejemplo, detectamos el uso de la ironía en el habla del narrador, habrá que sopesar con cuidado qué es lo que quiere decir cuando dice lo que dice. La dificultad de la expresión irónica es que quiere declarar lo contrario de lo que significan literalmente los signos que utiliza. Por último, también hay que prestar atención a toda información relevante que haya sobre el narrador. Así, cuando el narrador es también personaje de la acción y está debidamente caracterizado, habrá que juzgar con cuidado si sus palabras merecen ser tomadas o no *at face value*.

El focalizador. Nos encontramos aquí con otra variable difícil de captar en su especificidad dada su estrecha conexión con el funcionamiento del narrador… cuando hay narrador. La realidad es que la *focalización* se puede analizar con independencia de tal dispositivo, y esto es lo que ocurre en forma eminente en las narraciones que carecen de él. Por ejemplo, si volvemos de nuevo a la historieta de Herriman podremos observar que el lugar virtual en el que se coloca el ojo que observa los acontecimientos se mantiene en todo momento a bastante distancia de los personajes. En la primera viñeta la distancia es mayor, pues el tamaño de los personajes y los objetos es algo menor al tamaño que tienen en las otras dos viñetas. El ojo se acerca algo más en la tercera viñeta, aunque respetando una prudente distancia. El resultado es que lo único que parece relevante de los personajes, aparte de que uno sea un gato y otro un ratón, es si tienen o no los ojos abiertos. La conclusión inevitable es que la percepción del lector está siempre sometida al control de la distancia virtual elegida por el autor: No podemos acercarnos más a los personajes para intentar comprender mejor el tipo de sentimientos y emociones que experimentaron durante la peripecia. Este detalle indica que la focalización elegida por Herriman limita la posibilidad de que los lectores se identifiquen emocionalmente con los protagonistas de la historieta. No por nada el autor utiliza, además, las convenciones de la fábula de animales, que tradicionalmente han funcionado para provocar una recepción intelectual de los sucesos relatados. Pues bien, acabamos de describir lo que se suele denominar un *focalizador externo*. Se trata del mismo tipo de focalizador, pero ahora superpuesto al funcionamiento de un narrador en tercera persona, que el lector encontrará en mi primera versión escrita de la historieta, o sea, en *El ratón avieso y el gato indolente*.

Las ideas básicas a retener de momento son, en primer lugar, cómo se nos muestran las acciones narradas, incluyendo aquí aspectos relativos a la manera en que tales acciones se perciben y cómo se valoran y enjuician en el discurso directo de los personajes y en el discurso del narrador; y, en segundo lugar, la misma problemática pero ahora respecto a los personajes, o sea, cómo los percibe el lector a resultas de la manera en que son valorados y enjuiciados a lo largo y ancho de la historia. El mecanismo de la *justicia poética*, tal como se expresa en el destino de los personajes, cumple a este respecto un papel central. Con ello nos referimos al sistema de premios y castigos derivado de la suerte específica que corre cada uno de los personajes: Los *buenos* viven, los *malos* mueren de mala manera, etc. El triunfo de los unos es, colateralmente, el triunfo de sus valores y conductas, y la muerte de los otros, el fracaso de los suyos.

Los otros dos tipos de focalización son la *interna* y la *omnisciente*. Un ejemplo de la primera se encuentra en mi segunda versión de la historieta de Herriman, *Manuscrito encontrado en una botella*. En este caso, la percepción de los acontecimientos y los personajes se filtra a través de uno de los personajes, que es además el protagonista de la acción. Podemos añadir que, en este ejemplo, el focalizador interno se solapa con un narrador en primera persona, pero no tiene por qué ser siempre así. Un narrador en tercera persona también se puede superponer a un focalizador interno con solo encauzar la percepción de la acción a través de la mente y la visión del mundo de uno de los personajes. Por último, la focalización omnisciente consiste básicamente en una percepción y valoración que combina focalizadores externos e internos, con el resultado de que todos los datos asociados con la historia se ponen a disposición del lector. Ahora bien, en este caso lo importante es cómo se dosifica la información, pues suele ser una técnica útil para controlar la tensión y el suspense a la hora de desarrollar la historia. También es un buen artificio para construir un mundo ficticio caracterizado por el concurso de múltiples percepciones y visiones del mundo. Cuando este es el caso, hablamos de una *narración polifónica*.

Para ejemplificar estos comentarios, vamos a utilizar el microcuento *Heraclio* del escritor español Rafael Sánchez Ferlosio. Se trata de una narración con un tratamiento muy sofisticado de la focalización. La voz narra en primera persona («yendo yo»), los personajes son solamente dos (un narrador no identificado y «un perro grande, un mastín») y la acción detalla un encuentro fortuito de los dos personajes en los campos y dehesas de la provincia de Ávila. Pues bien, la narración también combina hábilmente un focalizador externo con otro interno para desembocar en una focalización omnisciente. Así, desde el comienzo de la narración («hace ya muchos años») hasta que el narrador se pregunta «¿qué vida?», tenemos una apreciación distanciada y objetiva tanto del marco espacio-temporal de la acción como del segundo de los personajes, el mastín. Ya se ha comentado que la diferencia entre la focalización interna y la focalización externa es un asunto de distancia entre la instancia que narra o presenta la acción y las acciones y personajes narrados. En este ejemplo, que no es más que un acercamiento en el espacio, la separación inicial entre los dos personajes se expresa de forma fría e imparcial: «10 o 12 metros de distancia». Y si leemos hasta el final, todo parece indicar que esta distancia no deja de aumentar: El perro se «fue quedando lentamente atrás hasta perderme de vista».

Sin embargo, el trayecto narrativo que nos lleva desde el «perro grande» inicial al «perro ahorcado» posterior desencadena un cambio de focalizador. Este cambio está estructuralmente asociado a la identificación del narrador con el destino trágico del animal. Para ser más exacto, la focalización interna se manifiesta en la humanización del animal que se efectúa a continuación de la pregunta sobre la vida, y que se subraya ajustadamente en la oración de respuesta: «Aquel andar tan cansado, con la cabeza baja, aquellos ojos tristes y como entrevelados, ¿podían ser todavía la vida?». Resulta importante mencionar que de los ocho adjetivos que encontramos en la narración, cuatro se encuentran en esta oración formada por una descripción y una pregunta: «cansado… baja… tristes… entrevelados…». Todos estos adjetivos proporcionan una valoración emocional por sí mismos, y en combinación con los nombres a los que califican, ofrecen una gestualidad estereotípica asociada con la derrota y el fracaso humanos: «andar cansado… cabeza baja… ojos tristes… entrevelados…».

Notemos el recorrido. El focalizador nos obliga en un principio a mirar al mastín externamente, con curiosidad, para, a continuación, obligarnos a entrar de lleno en su desdichada vida. Este cambio de focalizador adquiere nuevos matices en la última oración del relato, justo cuando el narrador accede directamente a la mente del animal para informarnos de la desconfianza que el can tiene de que alguien lo acoja en el futuro. Que estamos ya totalmente en el espacio vital que ocupa el perro queda claro si reparamos en que, a pesar de que la instancia narradora es el hombre, la separación final de ambos personajes se percibe desde los ojos del mastín: «hasta [que me perdió] de vista». Todo un zarandeo físico y emocional que nos lleva desde el «vi que [el perro] me seguía» introductorio a un concluyente «perderme de vista» que fuerza al lector a mirar cómo se aleja el narrador y con él toda esperanza de una vida mejor.

2.2 Ensayo

Hemos de suponer que la transmisión de información acerca de los acontecimientos del mundo y de la vida en forma de un discurso más o menos razonado —es decir, apoyado en argumentos y en la utilización y desarrollo de conceptos que vengan al caso— es una actividad tan antigua como la humanidad. No obstante, no es hasta la invención de la escritura y, posteriormente, el empujón de la filosofía y sus distintas disciplinas, que se puede hablar en sentido estricto del modo de comunicación que hemos denominado ensayístico. Destacar, sin embargo, que el sustantivo 'ensayo' es un término que aparece tardíamente durante la primera modernidad europea. Su puesta de largo no ocurre hasta la publicación en 1580 de los *Essais* de Michel de Montaigne. Pero en castellano su uso no se generaliza hasta mucho después, ya bien entrados en el siglo XIX. Y ello no se debió a falta de interés en la escritura ensayística en lengua vernácula, sino a la coexistencia de otros términos para expresar la misma práctica discursiva. Por ejemplo, la primera traslación del libro de Montaigne, que data de principios del siglo XVII, se decantó por las palabras 'experiencias' y 'discursos' en lugar de por 'ensayos' para titular la obra del escritor francés.[4]

Esta conexión que acabamos de establecer entre las cavilaciones de Montaigne y el modo de comunicación ensayístico no es fortuita. Nuestro interés por la comunicación estética exige que atendamos al tipo de ensayo que promocionan y distribuyen los *media*. Esto nos obliga a prescindir de la producción ensayística de buena parte de las disciplinas universitarias, en una operación similar a la que se propuso en su momento Montaigne, aunque obviamente en condiciones distintas a las actuales. Desde nuestra perspectiva, lo revelador es que la influencia del autor francés se haya mantenido a lo largo del tiempo. Así se puede apreciar en esta definición que el filósofo y publicista español José Ortega y Gasset propuso en 1914: «El ensayo es la ciencia, menos la prueba explícita» (20). Puesto que la prueba explícita incluye buena parte del aparato erudito de la exposición científica y la generalidad del proceso de descubrimiento, la producción académica formal, con la excepción de los géneros divulgativos, queda excluida prácticamente en su totalidad. Ello nos resulta bastante útil, pero no obsta para que convengamos en que se trata de una definición demasiado restrictiva. De hecho, es incapaz de hacer justicia a la práctica del propio Ortega e, incluso, a la de Montaigne, por no decir nada del ensayismo que hoy día encontramos en los medios de comunicación de masas. Veamos por qué afirmo esto.

Una lectura lineal del ensayo que Montaigne titula «De la tristeza» nos permitirá vislumbrar la variedad de rasgos que el ensayo estético es capaz de incorporar en su textura.[5] Presento el comentario párrafo a párrafo señalando los componentes más importantes:

Párrafo 1

Introduce el tema propuesto como sujeto inicial de análisis y reflexión: La tristeza. También se nos dice en qué consiste: La tristeza es una pasión, es una cualidad. Asimismo, se establece un marco autobiográfico para acomodar la exposición: «Yo soy de los más exentos de esta pasión». El marco, a su vez, permite la introducción de valoraciones personales: i) No me gusta la tristeza a pesar de que la «sociedad» la honre con su favor; ii) es un ornamento estúpido, una cualidad loca y perjudicial; y iii) no por nada los cuerdos italianos la llaman «malignidad» y los estoicos prohibieron la tristeza a sus discípulos.

Párrafo 2

Una breve narración que ejemplifica la influencia negativa de la tristeza en el ser humano. El suceso se ambienta en la antigüedad. Su mensaje implícito es que la derrota lleva a la pérdida del honor (aunque este término no se introduce hasta el tercer párrafo), y que la tristeza derivada de tal estado de cosas fuerza al protagonista, Psamenito, a la desolación.

Párrafo 3

Otra narración breve sobre perturbaciones emocionales asociadas con la tristeza. En este caso, el suceso está ambientado en tiempos recientes y en suelo francés: «Uno de *nuestros* príncipes». Aparecen nuevos términos: 'pena', 'dolor' y 'honor'. Queda claro que las narraciones que se van a ir enhebrando funcionan como parábolas de las que se va a extraer una moraleja; en este párrafo, la siguiente: La tristeza que provoca el dolor perturba emocionalmente y produce estados mentales que hacen perder la calma –referencia implícita a la doctrina estoica a la que se aludió en el primer párrafo–. Finalmente, se incluyen dos digresiones sobre la expresión del dolor: i) El dolor es acumulativo y si no sobrepasa cierto grado, es posible controlar su exteriorización; y ii) hay dolores que se pueden expresar y hay otros que son tan impactantes que son inexpresables.

Párrafo 4

Se continúa el tema recién introducido de la expresión del dolor, aunque ahora enfocado como problemática propia de la expresión artística. En primer lugar se nos habla de las dificultades que encontró

---

[4]Sobre el origen del ensayismo español, entendido a la luz de los ensayos de Montaigne, consultar el libro editado por Jesús Gómez que se recoge en la bibliografía.
[5]Versión en línea en cervantesvirtual.com.

un pintor de la antigüedad cuando intentó representar diferentes grados de pesar manipulando las facciones de varios personajes. Y en segundo lugar, se comenta la convención poética de convertir en roca a Niobe para expresar la «amargura» extrema provocada por la pérdida de siete hijos y siete hijas. También se incorpora un nuevo elemento, una cita en latín de las *Metamorfosis* de Ovidio.

El párrafo se remata con una reflexión sobre los efectos del dolor en el alma humana: «La sombría, muda y sorda estupidez que nos agobia cuando los males nos desolan». Reparemos en que se universaliza la experiencia descrita mediante el uso de la primera persona del plural (nos… nos…). La reflexión incluye una nueva alusión a la doctrina estoica. Su función es habilitar el paso desde la inicial descripción del estado mental propio del dolor hasta una consideración general acerca de la conducta y la vida total de la persona: La perturbación emocional desemboca en pérdida de libertad, en la imposibilidad de todo movimiento, por lo que termina convirtiendo a los seres humanos en auténticos tullidos. La reflexión se cierra con una segunda cita latina; en esta ocasión de la *Eneida* de Virgilio.

Párrafo 5

Se narra un suceso sobre los efectos de la «vehemencia de la tristeza», que quedan caracterizados de auténtica violencia, pues pueden provocar incluso la muerte. El objetivo es ejemplificar la reflexión contenida en el párrafo previo.

Párrafo 6

Encontramos aquí el epítome de un componente ya señalado, y que podemos caracterizar en términos de *estrategia de la cita erudita*. El párrafo comienza en italiano, se continúa con una breve aclaración en la lengua de la comunidad inmediata –francés en el original– y concluye con un poema en latín. La primera cita es de Petrarca y el poema latino de Catulo. Todo el párrafo refiere a los trastornos emocionales que produce el amor en cuanto pasión extrema y los correspondientes desaguisados vitales que provoca.

Hay nueva referencia implícita al ideal estoico de la apatía y la ataraxia, de la impasibilidad y la imperturbabilidad, el cual se alcanza mediante el autocontrol racional de las pasiones.

Párrafo 7

Se generaliza la extremosidad del amor para dar pie a una tesis sobre un tipo específico de pasiones al que pertenecen la tristeza, el dolor y el amor: «Todas las pasiones que se pueden aquilatar y gustar son mediocres». El párrafo concluye con una cita latina, ahora de Séneca, que refiere a un aspecto introducido previamente en el párrafo cuarto: Las pasiones extremas paralizan.

Párrafo 8

Se remacha la tesis sobre las pasiones presentada en el párrafo previo. Y se enfatiza que no se está hablando exclusivamente de las desgracias de la vida, sino también de las dichas y de los placeres. Se incluye nuevo texto latino de Virgilio, en esta ocasión acerca de la inmovilidad provocada por una sorpresa aterradora.

Párrafo 9

Se ejemplifica lo planteado en el párrafo anterior, a saber, que también matan las sorpresas sumamente agradables. Este planteamiento se modifica, sin embargo, en el último ejemplo, ya que presenta una muerte provocada por un sentimiento extremo de vergüenza. Su interés reside en estar dedicado a Diodoro, un dialéctico. Con esto se quiere decir que la referencia apunta al mismo autor, a Montaigne, pues un dialéctico es un especialista en el arte de dialogar, argumentar y discutir, actividades que describen perfectamente la diversidad de formatos de los *Essais*.

Párrafo 10

El ensayo concluye con un cierre del marco autobiográfico: La voz que enuncia no está preocupada por las pasiones que avasallan, ya que son contrarrestables con el ejercicio constante de la reflexión.

En definitiva, no se incluye un comentario final sobre el tema que abre el ensayo –la tristeza–, sino sobre el más genérico del autocontrol de las pasiones. En este sentido, todos los casos insertados, empezando por el último, por el de Diodoro, funcionan como advertencias: ¿Qué es lo que hay que hacer para evitar tales destinos desastrados?

El lector estará de acuerdo conmigo en que es difícil clasificar el discurso que acabamos de inspeccionar simplemente como ciencia sin la prueba explícita. Un primer detalle es que el discurso científico, sea divulgativo o no, se caracteriza por la escasa intromisión de la voz que enuncia. Para entendernos, la voz del ensayo científico es en muchos sentidos similar a la que encontramos en las narraciones en tercera persona con focalización omnisciente. De esta voz ya hemos destacado su interés en no colocarse en el foco de atención del lector. Por contra, en el ensayo de Montaigne la primera persona no sólo enmarca el asunto tratado, sino que, además, salpica el texto con reflexiones subjetivas y noticias introspectivas. No creo que sea exagerado afirmar que este tipo de voz interpuesta es rasgo importantísimo del modo ensayístico favorecido por la comunicación de masas. Que encontremos su origen en textos de la primera modernidad europea, no deja de ser asunto importante a destacar, pues los autores de la época, incluyendo al propio Montaigne, tenían plena conciencia de su peculiaridad.

Je suis moi-même la matière de mon livre, nos dice el autor francés con la intención de indicar que el contenido de su libro no es otro que él mismo. Planteado así, los *Essais* son una especie de autobiografía intelectual emprendida con el objetivo de que, una vez muerto el autor, los parientes y amigos pudieran rememorar al leerlos los atributos de su condición y temperamento. Así se dice explícitamente en el prólogo, y la implicación es que no se persigue «ningún fin trascendental, sino solo privado y familiar». ¿Y cómo es posible, entonces, que una voz privada que se dirige a un círculo inmediato de personas se haya convertido con el paso del tiempo en un modelo de intervención pública? Porque, para simplificar el asunto, en esos primeros siglos de la modernidad europea da sus primeros pasos lo que andando el tiempo terminará siendo nuestra actual esfera de la comunicación pública. De hecho, el mismo prólogo canaliza bien la incertidumbre del momento, ya que está dirigido no sólo al círculo social más inmediato, sino también a un lector más abstracto, el que florece a lo largo y ancho de los distintos ámbitos lingüísticos con el desarrollo inicial de la imprenta (Montaigne lxv-lxvi).

Otro aspecto a considerar es que el uso de una voz privada para hablar en público puede interpretarse automáticamente, y así lo hace el mismo Montaigne, en clave ingenua, es decir, como una voz auténtica y sincera. A diferencia, podríamos añadir nosotros, de las voces más formales que encontramos en los géneros desarrollados por la escolástica medieval, que, para más inri, utilizaban la lengua latina en lugar de la vernácula. Pero sería cándido pensar que el rasgo de la ingenuidad es consustancial a la voz en primera persona. Como no se deja de repetir a lo largo de este libro, las herramientas de la comunicación son todas ellas artificios retóricos. Máxime en una situación como la actual en la que el control de la comunicación está, sin duda, en manos privadas, pero no en cualesquiera, sino en las de las grandes corporaciones.

Para continuar, notemos también que el rasgo de la subjetividad está estrechamente asociado en el ensayo de Montaigne a una sucesión de noticias, citas, relatos y anécdotas. Si tuviéramos que describir inicialmente su configuración diríamos que presenta una variedad desordenada. Así, el tema que da comienzo al ensayo –la tristeza– se trasmuta en un comentario más general sobre las pasiones y, más específicamente, sobre el efecto de las pasiones en la mente y la conducta humanas. Todo ello se aderaza, por añadidura, con digresiones y reflexiones que, en determinado momento, toman el control del ensayo. Se explica, pues, que la imagen de Montaigne que me viene a la mente sea la de un señor sentado en una biblioteca pensando en multitud de cosas que atraen su curiosidad, y que a la hora de escribir echa mano de gran cantidad de volúmenes para ejemplificar sus reflexiones con citas de autoridades reconocidas dentro del círculo cultural con el que se identifica. Dada la ausencia de citas de autores medievales y el frecuente uso de los de la antigüedad junto con las referencias italianas, podemos suponer que la cultura con la que prefiere dialogar Montaigne sea la del humanismo renacentista.

A veces se suele interpretar esta variedad y fragmentación como un índice de la ausencia de una *cosmovisión* subyacente. Aconsejo, sin embargo, tomar esta opinión con cierta precaución. Sí es cierto que los siglos XV, XVI y XVII fueron de transición entre una visión del mundo medieval bien anclada en la teología cristiana y una *master narrative* posterior más secular y ajustada a la perspectiva científica. Y que, por consiguiente, debido a la desintegración de lo antiguo, menudearon las intervenciones tentativas y las tendencias a la deconstrucción de los asuntos tratados. Pero se trata de un estado de cosas que no debemos proyectar, sin más, sobre otras secuencias históricas, y menos aún sobre el presente. Por lo demás, tampoco hay que tenerle miedo a la noción de cosmovisión. Nosotros la vamos a utilizar con el sentido que propone Richard DeWitt en su libro *Worldviews*, a saber, como un sistema de creencias que están encajadas a la manera de un rompecabezas. Es decir, una cosmovisión no es una mera colección de creencias independientes y separadas, sino más bien un sistema de creencias interconectadas y entrelazadas (7). En el análisis cultural, la posición más saludable es trabajar con la hipótesis de que toda comunicación incorpora una cosmovisión implícita que se hace más o menos explícita en función del tipo de mensaje analizado. Ya nos hemos referido a este fenómeno con la noción de sobrentendido, que incluye, recordemos, la posibilidad de un conocimiento y valoración de la situación comunicativa compartidos por el emisor y el receptor.

Para terminar, un par más de detalles útiles derivados de nuestro comentario al ensayo de Montaigne. Ambos refieren a la relación que mantienen el *enunciador* –la *voz* que habla– y el *enunciatario* –la instancia que escucha– en el mensaje ensayístico. El primero de ellos consiste simplemente en una aclaración terminológica. Al primer dispositivo –el enunciador– lo vamos a nombrar, como ya he venido haciendo a lo largo de esta sección, utilizando la palabra 'voz', y al segundo, mediante el vocablo 'auditorio'. Estas designaciones se explican por la dependencia que el modo ensayístico siempre ha mantenido, y aún más el ensayo estético, con la vieja tradición de los discursos forenses. Nos referimos a los intercambios comunicativos en lugares públicos de variada naturaleza entre un orador y un auditorio. Lo cual me lleva al segundo detalle que quiero ponderar, la relación pedagógica y la finalidad didáctica que son tan características tanto de la intervención oratoria como de la comunicación ensayística. No cabe duda que al hablar de sí mismo y de sus preferencias y valoraciones, Montaigne se proyecta hacia su auditorio como un modelo de ser y estar en el mundo. La variedad de asuntos tratados en los *Essais* es realmente impresionante, pero queda claro que no se trata simplemente de un mero pasatiempo, hay una intencionalidad muy clara de opinar y aconsejar, de proponer cómo hay que conducirse para lograr ese estado de ataraxia al que aspira la tradición estoica. Esta dimensión pragmática es fácilmente generalizable al modo ensayístico en su conjunto, como se pueden apreciar con solo enumerar algunos de los propósitos con que suele emplearse: Instruir, meditar, inculcar, mover y, por qué no, entretener. Recordemos, por ello, esa vieja máxima del buen afán didáctico: *Enseñar deleitando*. Pues bien, he aquí el eslogan que mejor describe las aspiraciones de un buen ensayo.

Introducimos ahora, al igual que hicimos en la sección dedicada al modo narrativo, las variables más importantes que tomaremos en consideración a la hora de efectuar un análisis y una descripción completa de cualquier tipo de ensayo estético. El modelo, por lo tanto, es indiferente al medio expresivo utilizado. Es decir, se puede aplicar a ejemplares escritos y hablados, a gráficos y pictóricos, a fotográficos y fílmicos, y, en general, a cualquier versión que podamos concebir. Como se podrá observar en el cuadro 2, esas variables están recogidas en dos grupos bien diferenciados, uno dedicado a lo que el ensayo comunica y otro a la manera de comunicarlo. Se trata del mismo esquema que utilizamos para organizar el cuadro dedicado a la narración.

2.2.1 Tema

Precisar con un mínimo de exactitud aquello de que habla un ensayo puede llegar a ser asunto bastante complejo. En primer lugar, porque a veces el tema del ensayo no se aclara suficientemente en todo el cuerpo del ensayo. El título del discurso de Montaigne parecía indicar que el tema no era otro que la tristeza, y así parecía confirmarse nada más entrar en el primer párrafo. Pero este supuesto quedó en entredicho una vez procedimos a la lectura de los demás párrafos. Pudimos asistir, así, a una auténtica procesión: La tristeza, el dolor, la expresión del dolor, las pasiones en general, las perturbaciones mentales y conductuales derivadas de los estados emocionales extremos, la importancia del autocontrol racional, etc.

Una complicación añadida deriva del sobrentendido. El conocimiento y valoración necesarios para la comprensión cabal de un ensayo dependen tanto del *trasfondo* cultural inmediato como de las *cosmovisiones* que estaban en conflicto en el marco espacio-temporal de emisión. La ausencia de esta información, aunque solo sea en parte, por no haberse incorporado a la propia textura del documento, termina desorientando la producción del significado por parte del receptor. Solo un conocimiento profundo del autor, de su contexto histórico y de su obra permiten una especificación adecuada de la información contenida en el ensayo y del propósito con que se creó. Con ello no quiero indicar que el documento en cuestión pierda toda significación. En la comunicación mediata la recontextualización de los mensajes es siempre inevitable. Por este motivo, la aptitud aconsejable a

Ensayo	
Tema	**Discurso**

• *Asunto*
• *Digresiones*
• *Trasfondo*
• *Cosmovisión*
• *Tesis*
	• *Disposición*
	  ♦ Ordo neglectus
	  ♦ Docta varietas
	  ♦ Logos
	• *Voz*
	  ♦ Auditorio
	    ▪ Universal
	    ▪ Particular
	    ▪ Heterogéneo
	  ♦ Comunidad imaginada
	  ♦ Autoridad de la voz
	• *Tono*
	    ▪ Subjetivo
	    ▪ Objetivo

Cuadro 2

Modelo para el análisis del modo ensayístico

todo buen crítico de la cultura es la de familiarizarse con todos los sobrentendidos asociados con el mensaje. Es decir, primeramente, con el sobrentendido del marco original de emisión y recepción y, a continuación, con el de las recepciones posteriores. El resultado será siempre una producción de significado mucho más rica.

Podemos ejemplificar este fenómeno con el póster recogido en la figura 6, *We Can Do It!* de J. Howard Miller. Se creó en 1943 para animar a las empleadas de una fábrica americana a trabajar más duro, conectando su esfuerzo personal con los objetivos de producción de la empresa en cuestión y, quizás, los de la nación en cuanto que el país era un participante activo en la II Guerra Mundial. Resulta significativo, sin embargo, que con posterioridad el póster fuera reutilizado por el movimiento feminista. Se comprenderá, por tanto, que el significado de la palabra «we» que aparece en la leyenda del cartel no pueda ser el mismo en el sobrentendido original que en la reapropiación feminista posterior. En un caso estaríamos hablando de la compañía en cuestión, es decir, tanto de los propietarios de la empresa como de los asalariados –*we* equivaldría a Westinghouse Electric–, mientras que en la reutilización feminista la *comunidad imaginada* en cuestión sería la de las mujeres –*we* equivaldría a todas las mujeres–. Y aunque parece ser, como han señalado varios comentaristas, que en su origen el póster era una instancia más de un campaña general destinada a atemperar los conflictos de clase, podemos imaginar su utilización en una campaña de empoderamiento sindical en ámbitos laborales en que haya una mayoría de mujeres (Cfr. el artículo "We Can Do It!").

Fijar el tema de un ensayo puede llegar a ser, por consiguiente, todo un proyecto de investigación. De aquí que presentemos el análisis del tema como un recorrido a través de una serie de variables vinculadas entre sí. Para empezar, después de una inspección que debe ser similar a la lectura lineal que hicimos del ensayo de Montaigne, debemos fijar el *asunto* o *asuntos* que son objeto de atención a lo largo del ensayo. Si los asuntos son variados y esto nos lleva a confusión, una buena estrategia es investigar si el ensayo ofrece una *tesis* explícita. En el caso del discurso sobre la tristeza, encontramos una en el párrafo 7 relativa a la mediocridad de cierto tipo de pasiones. Esta tesis nos permite confirmar que el asunto que preocupa a Montaigne no es específicamente la tristeza sino el grupo de pasiones al que pertenece. Ello no obsta para que descartemos de entrada que Montaigne o cualquier otro autor esté interesado en conectar varios asuntos en forma más o menos ligada. En definitiva, y aquí la clave es el grado de interrelación entre los asuntos tratados, habrá ensayos en que estemos en disposición de hablar de la presencia de un único asunto más una cadena de *digresiones* en caso de que la inconexión sea mayor, o, alternativamente, de dos o más asuntos cuando la vinculación sea más completa.

Figura 6
We Can Do It! (J. Howard Miller, 1943)
National Archives at College Park

Trasfondo y cosmovisión.   Estas dos categorías, como ya se ha sugerido, pueden complicar grandemente la vida del analista. Por esta razón, los críticos culturales dedican la mayor parte de su tiempo a adquirir conocimientos sobre los autores y los marcos de emisión. Estos conocimientos les permiten un entendimiento más preciso de los sobrentendidos y, gracias a ello, un mejor y más completo estudio de los productos culturales bajo escrutinio. Pues bien, el trasfondo y la cosmovisión son las dos variables más directamente relacionadas con la problemática del sobrentendido. La diferencia entre ellas es fundamentalmente de alcance.

Si nos centramos en el póster de Miller, cuyo propósito era mover a la acción, el trasfondo inmediato en que se inserta el mensaje no es otro que la organización de la producción en las fábricas de la compañía en cuestión. La movilización de la población masculina americana a los distintos frentes de guerra abrió la posibilidad de un acceso masivo de las mujeres a puestos de trabajo tradicionalmente reservados a los hombres –*blue collar jobs*—. Esta mera situación explica que la figura representada en el póster sea la de una mujer. Pero obviamente no explica todo su significado. Parte importante del trasfondo ya se comentó al señalar la preocupación de empresas y gobierno federal por el impacto de los conflictos de clase en la producción fabril. Este componente revela, por ejemplo, el porqué de la opción por la primera persona del plural en la leyenda colocada en la parte superior: Un nosotros inclusivo que sugiere la pertenencia a una comunidad armónica de iguales. Volveremos sobre este asunto al hablar más adelante de la comunidad imaginada y del auditorio. Otro aspecto de interés que se puede entender mejor mediante un análisis del trasfondo es la actitud viril y enérgica expresada por el personaje femenino. Se utiliza una gestualidad que se asocia estereotípicamente con un tipo de hombre que podríamos etiquetar de *macho man* (consultar "We Can Do It!"). No cabe duda que el gesto sugiere cierto empoderamiento de la mujer una vez se proyecta sobre una escala de valores que eleva por encima de toda otra consideración ciertos atributos masculinos. No olvidemos, sin embargo, que el propósito más inmediato del cartel era sacar más esfuerzo y producción de los cuerpos femeninos.

Un análisis completo del póster de Miller y su marco original de emisión nos permitiría concretar la cosmovisión del mundo que informa el producto concreto que estamos analizado, o sea, el póster con su figura femenina y el eslogan que lo encabeza en letras bien grandes. Sabemos que es un llamamiento a la acción, también que el contexto es un tipo de sociedad que podemos caracterizar con el adjetivo de industrial y, más exactamente, de sociedad industrial de tipo fordista. Si inquirimos más, podemos llegar a las concepciones sobre el ser humano que son hegemónicas en tal tipo de sociedad, con su énfasis en el trabajo en cadena y el control minucioso de los movimientos y del uso del tiempo. Pues bien, todo este análisis podría confluir en una pregunta: ¿Sería posible hoy en día producir un póster de esta naturaleza que respetara el propósito original con que se concibió? La respuesta más probable es que no, y que una manera de describir esta imposibilidad sería afirmando que ciertos componentes de las cosmovisiones básicas han evolucionado o se han trasformado. Ya planteamos en un comentario previo que una cosmovisión en conflicto con la original, la feminista, fue capaz de resignificar el ensayo, y que todos y cada uno de los componentes del cartel fueron reorientados para crear un mensaje de empoderamiento muy alejado del propósito que estaba detrás de la cosmovisión originaria. Las conclusiones que debemos extraer son dos. Primero, cualquier ensayo expresa una cosmovisión en choque con otras cosmovisiones alternativas. Y es a este choque al que nos hemos referido previamente con la noción de trasfondo. Por ello, el trasfondo suele cristalizar en forma de discusiones o debates intelectuales entre distintas concepciones del mundo. Y segundo, debido a estos choques y a la correlación de fuerzas entre las distintas cosmovisiones, tanto las cosmovisiones dominantes como las subalternas evolucionan a lo largo del tiempo.

2.2.2 Discurso

Nos ocupamos en este apartado no tanto de lo que dice el ensayo cuanto del orden en que lo dice y de cómo lo dice –aunque este último aspecto se debe completar con la discusión que presentaremos en los dos próximos capítulos–. Teniendo en cuenta que el ensayo es un modo esencialmente didáctico, importa mucho investigar cómo el autor se propuso influir en el lector sea para instruirlo, o inculcarle determinadas creencias o disposiciones, o moverlo a determinadas acciones. En general, nos vamos a apoyar en el planteamiento básico que nos legó la tradición retórica clásica al reflexionar sobre el arte de la persuasión. Esto es, nuestros énfasis básicos girarán en torno a los siguientes puntos: El crédito o autoridad de la voz que enuncia, los sentimientos o pasiones primordiales que se movilizan para mover al auditorio y la potencia lógica del discurso.[6]

---

[6] El mejor libro que conozco sobre estos temas es el *Compendio* editado por Luis Vega Reñón y Paula Olmos Gómez que recogemos en la bibliografía.

Disposición.   Con este término nos referimos al orden que el autor elige para combinar los distintos componentes de su ensayo. Resulta obvio pensar que el medio expresivo utilizado influye sustancialmente en la ordenación, pues no es lo mismo argumentar visualmente utilizando una combinación de imágenes y escritura o habla que exclusivamente mediante la escritura. Pero hecha esta salvedad, y cómo ya se indicó al comienzo de esta sección, la tradición ensayística se caracteriza por disposiciones menos rígidas que las que encontramos en los mensajes de la mayor parte de las disciplinas universitarias. En fin, las tres variables que proponemos —*ordo neglectus, docta varietas y logos*— recorren una escala que nos lleva desde un ensayo eminentemente desordenado al que denominaremos negligente, pasando por una variedad docta como la que caracteriza los ensayos de Montaigne, hasta llegar a unas estructuras que en su versión más pura tendrían el aspecto de una demostración lógico-matemática o un algoritmo computacional —extremo este último que no es habitual en el ensayo estético—. En todo caso, siempre hay que prestar atención a la corrección lógica de aquellos ensayos que se ofrecen al lector como eminentemente argumentativos. Me refiero, fundamentalmente, a la necesidad de investigar la presencia de unas premisas, de las que se debe seguir, mediante un nexo ilativo adecuado, una conclusión coherente con todo ello.

Bien entendido, sin embargo, que la ausencia de algunos de estos componentes —premisas, nexo, conclusión— no se debe interpretar automáticamente como síntoma de una argumentación falaz. Muy al contrario, pues lo que se entiende normalmente por *falacia* no es otra cosa que un mal argumento que parece bueno, y que por lo tanto muy bien puede incorporar de manera nítida todos los componentes señalados. Por otro lado, la exclusión de la comunicación científica de nuestro análisis implica que nos las habemos con ensayos que no están totalmente descontextualizados, es decir, con ensayos en los que el sobrentendido cumple un papel central. De aquí que el tipo de argumento más frecuente en el ensayo estético caiga bajo la clase de los *entimemas* o argumentos incompletos. La supresión de alguno de los componentes del argumento, dado un sobrentendido compartido por el emisor y el receptor, produce un efecto persuasivo al atraer la complicidad del lector. El entimema descansa, pues, en los conocimientos tácitos de los posibles receptores, y puede crear la impresión de que autor y lector son miembros de una comunidad que comparte la misma cosmovisión.

Voz.   La relación básica que conecta la *voz* con el *auditorio* ya se ha comentado en las páginas precedentes. Se trata del mismo dispositivo que en la narración ata al narrador con el narratario. Es decir, no se puede entender la voz sin el auditorio y viceversa. La función didáctica, sin embargo, obliga al modo ensayístico a una elaboración más sofisticada del vínculo que los entrelaza. Por ello, el auditorio se suele explicitar mediante la utilización de las formas verbales de apelación —tú, usted, vosotros, ustedes— o mediante una identificación más directa —lector, público o cualesquiera otras instancias que indican pertenencia—.

Por otro lado, el diseño de la relación entre la voz y el auditorio siempre incorpora una dinámica más o menos compleja entre el público potencial de carne y hueso y el auditorio que el autor escoge para dialogar con la voz enunciadora. Sería ingenuo pensar que un autor sofisticado no toma en consideración los posibles acoplamientos o desajustes entre el auditorio virtual y el público real. Además, como ocurre cuando entramos en el análisis de los ensayos producidos en tiempos pretéritos, hay que descartar que los autores hayan podido prever todos los públicos futuros. Nos enfrentamos, pues, a un asunto bastante resbaladizo que conviene sopesar en cada caso concreto. Dicho esto, las opciones que un autor tiene a la hora de diseñar el auditorio son básicamente las mismas en cualquier tiempo y lugar. Por un lado, puede optar por un *auditorio universal,* lo que debería implicar un esfuerzo de descontextualización para acercar el mensaje al terreno de lo objetivo y de lo real, o de los hechos por todos conocidos o, incluso, de las verdades de Perogrullo. Otra opción es el *auditorio particular,* que quizás sea la más apropiada cuando el autor tenga intención de apelar sin muchos sobresaltos al sobrentendido de las comunidades inmediatas a las que pertenece. En estos casos, podemos esperar la incorporación al ensayo de aspectos locales, incluyendo quizás algunas de las creencias potencialmente más disputadas de la cosmovisión del autor. Estamos hablando, pues de valores y preferencias que un autor comparte con una comunidad real de pertenencia. Por último, está la opción del *auditorio mixto* o *heterogéneo,* que sería coherente cuando el autor se proponga llegar a un público con intereses y preferencias en conflicto latente o patente. Creo que este es el tipo de auditorio que Montaigne elabora en sus ensayos. Y así lo señalamos cuando discutimos algunos detalles del prólogo al lector. También se puede añadir que la marca de esta heterogeneidad se manifiesta en las diversas maneras en que Montaigne usa la primera persona del plural dentro de su ensayo sobre la tristeza. Me refiero a ese *nos* inicial que representa en exclusiva a la comunidad francesa y a los *nos* posteriores que nos ubican dentro de una comunidad más amplia, pues ahora su rasgo central ya no es el uso de la lengua vernácula, sino el de la razón, que se supone es una cualidad del género humano en su conjunto.

Este último aspecto nos permite introducir otra variable primaria de nuestro análisis, la *comunidad imaginada*. Se trata de un dispositivo básico destinado a provocar la adhesión del auditorio. Los medios elegidos para incluir o excluir a unos u otros tipos de personas pueden llegar a ser bastante complejos, pero el resultado siempre será el mismo: La voz que habla y el auditor son miembros de una misma comunidad y, por ello, comparten la misma cosmovisión; de donde se sigue la obligatoriedad de que el auditor acepte la posición que la voz promueve en el ensayo en relación al tema discutido. Fijémonos, para observar mejor de qué estrategia estamos hablando, en cómo varía la comunidad imaginada a la que refiere el cartel de Miller cuando pasamos del ámbito más reducido de las fábricas de Westinghouse Electric a la apropiación del mensaje por parte del movimiento feminista. En un caso se trata meramente de un grupo de trabajadoras, en el otro de todas las mujeres de la humanidad. En el caso del ensayo de Montaigne, podemos advertir el paso desde una comunidad local, la francesa, a una comunidad más universal, la que solo se guía por el uso de la razón. Esta trayectoria da mayor legitimidad a la tesis que el autor propone sobre las pasiones en general y sobre la tristeza en particular. A consecuencia de ello, la postura moral se seculariza y se promueve una perspectiva, la estoica, que puede llegar a entrar en conflicto con una moral cristiana de corte más tradicional. Aquí ya hablamos de un choque de cosmovisiones.

Muchas de estas estrategias están, por lo demás, conectadas con otro aspecto central, el relativo a la *autoridad de la voz* que enuncia. El problema de fondo es de dónde surge la legitimidad que le permite al autor decir lo que dice y, sobre todo, que sea tomado en serio por un público potencial. A este respecto, siempre es necesario empezar con una investigación del contexto institucional que facilitó la producción y distribución del mensaje analizado. Por ejemplo, si el *New York Times* me contratara como periodista, automáticamente *yours truly* estaría habilitado para ser reconocido como alguien a quien se debe prestar atención. El fenómeno es bastante simple, me estaría apropiando de la autoridad social de que goza el diario neoyorquino en cuanto *newspaper of record*. En una situación así, no importa gran cosa lo que se dice, incluso si son falsedades o simples tonterías, lo relevante es la autoridad de la posición desde la que se habla.

Por otro lado, el propio discurso puede incorporar dispositivos de naturaleza retórica que tienen por objetivo autorizar la voz que enuncia. El ejemplo más obvio que hemos comentado es el de las citas eruditas en latín e italiano que señalamos en el ensayo de Montaigne. Estas citas indican que la voz sabe lo que dice, que es una voz culta madurada en innumerables horas de estudio y en la frecuentación de aquellos autores que gozan de alta estima y reputación en determinadas comunidades lectoras. Otras técnicas posibles tienen que ver con el uso de vocabularios especializados y jergas profesionales que indican pertenencia a una comunidad de expertos de naturaleza universitaria –o de cualquier otra índole– dotada de gran capital económico, cultural y social.

Tono.   Aunque esta es una variable comparable a la de focalización en el modo narrativo, no es de tan complicado análisis. En primera instancia, hay una relación directa entre el tipo de auditorio que el ensayo elabora y el tono que debe utilizar la voz. Por volver de nuevo al discurso de Montaigne, la voz combina un *tono subjetivo* en las ejemplificaciones narrativas y en los momentos introspectivos o valorativos de la primera persona con un tono más *objetivo* cuando se universaliza la información relativa al impacto de las pasiones en la conducta humana. Vemos, por tanto, que el tono varía cuando cambia el auditorio sobre el que se proyecta la voz. O sea, un tono más directo y emocional cuando la voz se orienta en función del círculo inmediato de familiares y amigos, y un tono más frío y distante cuando el auditorio se amplía a una comunidad lectora más abstracta. Finalmente, la disposición del discurso también influye en el tono a utilizar. Los ensayos más desorganizados abren espacios a intervenciones personales de naturaleza casual o asociativa, pues no hay obligación de ajustarse a criterios de consistencia y necesidad lógica que son más propios de las estructura argumentativas más formales.

2.3   Lírica

Pensar la conducta humana en términos de un choque de la razón con la pasión es probablemente una actitud que ha acompañado al ser humano a lo largo de toda su historia. Sin ir muy lejos, el ensayo sobre la tristeza de Montaigne es una versión de esta disputa. Y como vimos, resulta frecuente conectar la razón con la capacidad de autocontrol y la pasión con una espontaneidad que puede llevar al desatino. Atendiendo a ello, se podría decir que quien controla tus pasiones controla tu destino. Se explica, por tanto, que en el arte de la persuasión se aconseje al orador la elaboración de discursos que provoquen en el auditorio estados de apasionamiento. ¿Quiere esto decir que cualquier acción comunicativa, con independencia del modo específico en que podamos encuadrar su mensaje, exhibe una cualidad lírica? La respuesta es que sí. Pero también es cierto que la tradición estética ha desarrollado discursos que giran preferentemente en torno a la expresión de sentimientos y emociones.

Se debe agregar que, si interpretamos la noción de discurso en clave semiótica para incluir signos de todo tipo, es probable que sean las artes que no utilizan el lenguaje hablado o escrito las que mejor suscitan y administran los estados corporales de carácter pasional. Estoy pensando, por ejemplo, en la danza y en su ordenación de los movimientos corporales en el espacio-tiempo y, aún más, en la música, que distribuye en el tiempo sonidos y silencios. Significativamente, ambas son artes cuyo estatus en tanto que vehículos de información y conocimiento es, por decirlo así, incierto. Como señala el compositor Luis de Pablo, la experiencia que produce la música es básicamente emocional, resultado de la capacidad que tiene para inducir estados anímicos a medio camino entre lo consciente y lo inconsciente (392–93). El poder de la música reside, pues, en su capacidad para conmover al ser humano, de donde su uso extendido en gran variedad de medios expresivos, incluyendo la propia danza, el teatro, el cine y la publicidad audiovisual.

Mas no solo nos interesa resaltar la habilidad de los signos para promover estados emocionales de la forma más directa posible, también resulta fundamental para nuestro entendimiento del modo lírico la capacidad semiótica de refractar y reflejar las experiencias sentimentales. Y a la hora de especular, el signo representacional es el medio más idóneo, por lo que habrá instancias en que las fronteras que separan el modo lírico del ensayístico se vuelvan borrosas. Esta borrosidad también afecta al modo narrativo debido a su inevitable confluencia con el arte musical por el papel que en ambas prácticas semióticas cumple la debida ordenación temporal de aquellas cosas en que se interesan.

Sin impugnar, por supuesto, la aspiración intrínseca del modo lírico a colonizar cualquier tipo de comunicación estética, en lo que resta de esta sección nos vamos a preocupar sobre todo por determinar su especificidad. Como en las secciones anteriores, nuestro objetivo es destacar las principales variables; pero ahora en relación con la expresión y manipulación semiótica de las pasiones humanas. Y nuestra primera labor ha de ser de aclaración terminológica.

Hasta ahora hemos utilizado indistintamente tres términos –*emoción*, *sentimiento* y *pasión*– para hablar de la temática que es propia del modo lírico. Así que vamos a especificar qué es lo que se quiere decir con cada uno de ellos. El menos complicado de definir es el tercero –la pasión–, pues lo utilizaremos para referirnos a una emoción tan intensa que sea difícil de controlar –que fue lo que hicimos al comentar el ensayo de Montaigne dedicado a la tristeza–. El problema terminológico se nos desplaza, por tanto, a los otros dos términos. ¿Cuál es la diferencia entre una emoción y un sentimiento?

Si echamos un vistazo al DRAE encontramos información aprovechable, pero también motivos para la confusión. Por ejemplo, la primera acepción de 'sentimiento' –«acción y efecto de sentir o sentirse»– puede sernos útil, pero la segunda –«estado afectivo del ánimo producido por causas que lo impresionan vivamente»– se acerca peligrosamente al significado que nos da el mismo DRAE de 'emoción' –«alteración del ánimo intensa y pasajera, agradable o penosa, que va acompañada de cierta conmoción somática»–. Será mejor, por tanto, que echemos mano de una doctrina más precisa, en el sentido de que se haya preocupado por establecer una distinción clara entre ambos términos. Y esta es la que encontramos en el libro de Antonio R. Damasio que se recoge en la bibliografía.

Nuestro punto de partida va a ser entender por *emoción* una reacción corporal instintiva provocada por determinados estímulos medioambientales. Estamos hablando, por tanto, de comportamientos adaptativos controlados genéticamente. Pero bien entendido que la conducta emocional de los humanos y otros animales no se agota con tal definición, de donde la distinción que establece Damasio entre *emociones primarias* o *básicas* y *emociones secundarias* o *derivadas*. Estas últimas resultan de la conexión que establecemos a lo largo de nuestra experiencia vital entre determinados tipos de objetos y situaciones y las emociones primarias (134).

Otro detalle relevante tiene que ver con lo que entendemos por estímulo medioambiental. Está claro que es importante diferenciar lo que acontece realmente en nuestro entorno de lo que meramente rememoramos o imaginamos. Sin embargo, nuestra mente lidia con todo ello mediante representaciones internas; o sea, que, por principio, es indiferente que la fuente de una alteración emocional esté localizada fuera o dentro de nosotros. La mente tampoco discrimina entre unos tipos u otros de fuentes externas, aunque es obvio que no todas ellas afectan con la misma intensidad. Por ejemplo, una desgracia ocurrida en nuestra familia puede producir reacciones emocionales mucho más intensas que las que se derivan de la experiencia de la ficción, sea la lectura de un poema o el visionado de una telenovela. En definitiva, con independencia de cuál sea la fuente que genera la alteración, estamos hablando en todos los casos de comportamientos congénitos, más o menos reorganizados por la experiencia, que involucran a los mismos centros nerviosos y endocrinos.

Con respecto a cuáles sean las emociones primarias, la pelota está todavía en el tejado. En puridad, solo merecerían este calificativo aquellas que se resistan a la variación individual, es decir, las que están presentes en todos los miembros de la especie humana y que, consiguientemente, serían siempre reconocibles por todos ellos con independencia del área cultural que habiten. Hay una tradición bien asentada a lo largo de los siglos de intentar determinar el temperamento y el carácter de las personas a través de su apariencia externa, singularmente de la forma y movimientos del cuerpo y de la cara. Esta perspectiva, que se ha recogido en innumerables tratados de fisiognomía, desemboca en el siglo XIX en los primeros intentos de determinar las emociones básicas atendiendo a la tesis de que se da una correlación genéticamente controlada entre estado mental y expresividad facial. Charles Darwin, con la publicación en 1872 de *The Expression of the Emotions in Man and Animals,* es uno de los autores pioneros en este campo. Su trabajo se apoya, a su vez en una investigación previa del neurólogo francés Guillaume-Benjamin Duchenne, quien en 1862 publicó un libro titulado *El mecanismo de la fisiología humana.* En este libro se recogen una serie de placas fotográficas –ver la figura 8– ilustrando el movimiento preordenado de los músculos faciales al recibir descargas eléctricas. Investigaciones de este tipo se proponen descubrir patrones fisiológicos claramente diferenciados, es decir, que no sean resultado de la combinación de disposiciones faciales más simples. Tal objetivo pasa, en tiempos más recientes, por la búsqueda de correlaciones entre los patrones faciales más elementales y la activación de áreas del cerebro específicas. Pues bien, las emociones más directamente asociadas con tales patrones serían las emociones primarias. Pero, como comentaba, los resultados todavía no son concluyentes. Ha habido una gran variedad de propuestas a lo largo del tiempo, aunque el grupo de emociones básicas que se propone con mayor frecuencia se recoge en el diagrama circular de la figura 7.

Otras versiones, como la que propone Damasio, reducen la lista a cinco emociones, al ubicar la sorpresa dentro del grupo de las derivadas. Estas últimas, como se comentó, están más sujetas a variación cultural al ser dependientes de la experiencia vital de las personas. Su complejidad queda bien sugerida por el enorme vocabulario que se destina a fijarlas. Me abstendré, por tanto, de intentar un inventario. Sí me parece relevante, no obstante, acentuar la idea de que las emociones secundarias, como subraya el propio neurobiólogo portugués, son variaciones sutiles de las emociones primarias (Damasio 149).

Una vez fijada la noción de 'emoción', no resulta excesivamente complicado entender cómo vamos a utilizar la palabra 'sentimiento'. La idea básica está recogida en la primera definición que ofrece el DRAE, a saber, la acción y efecto de sentir o sentirse. Un *sentimiento* no sería otra cosa, entonces, que la acción y efecto de sentir

Figura 7
Las emociones básicas

una emoción. Que es como decir que cuando sentimos un estado emocional tomamos conciencia de la emoción que nos embarga, que se ha apoderado de nosotros. En resumidas cuentas, cuando un objeto, una persona, una situación o un pensamiento provoca en nosotros la emoción de la alegría comienza un proceso que puede concluir en el sentimiento de estar alegres o ser felices. Y así con las otras emociones, sean básicas o no.

La importancia de la distinción entre emoción y sentimiento se puede ejemplificar inspeccionando el poema lírico de autor desconocido que transcribimos a continuación –en circulación desde el siglo XVI–. Por supuesto, nuestro análisis permitirá ampliar los comentarios precedentes:

Soneto a Cristo crucificado

No me mueve, mi Dios, para quererte
el cielo que me tienes prometido,
ni me mueve el infierno tan temido
para dejar por eso de ofenderte.

¡Tú me mueves, Señor! Muéveme el verte
clavado en una cruz y escarnecido;
muéveme ver tu cuerpo tan herido;
muévenme tus afrentas y tu muerte.

Muéveme en fin, tu amor, y en tal manera
que aunque no hubiera cielo, yo te amara,
y aunque no hubiera infierno, te temiera.

No me tienes que dar porque te quiera,
pues aunque lo que espero no esperara,
lo mismo que te quiero te quisiera.[7]

Vamos a proceder por orden; en primer lugar examinando si hay alguna referencia explícita a alguna de las emociones básicas. Un inventario de los sustantivos del poema nos da el siguiente resultado:

- cielo (2)
- infierno (2)
- cruz
- cuerpo
- afrentas
- muerte
- amor

Solo cielo e infierno aparecen en dos ocasiones, el resto de nombres comunes una sola vez. De estas palabras, la única que refiere a una emoción o sentimiento es 'amor'. No está en nuestra lista de emociones primarias ya que se la suele considerar emoción derivada de la felicidad. Fijémonos, no obstante, en que el poema no está hablando de la emoción del amor, sino del sentimiento que mejor describe la actitud o disposición del ánimo de Jesucristo hacia los humanos. Una primera conclusión que podemos extraer es que cuando analizamos pasajes líricos que utilizan la lengua escrita o hablada, lo más probable es que nos encontremos con una presentación o análisis de sentimientos. Las emociones son estados corporales y se representan mejor, como se puede observar en la figura 8, por medio de la expresión facial directa. Ello no obsta para que una voz o un personaje pueda describir verbalmente los estados emocionales de otro personaje en cuanto tales estados y no en cuanto sentimientos conscientes. Pero la implicación es que la mera descripción por parte de una voz

[7] Recogido en la antología de Juan Nicolás Böhl de Faber (III, 88).

Figura 8
Guillaume-Benjamin Duchenne, *Mecanisme de la Physionomie Humaine*
(París: Jules Renouard, 1862)

lírica de estados emocionales transforma el mensaje en una exploración de la sentimentalidad. Y esto es lo que podemos observar en este poema.

La clave se encuentra en los verbos, que como sabemos sirven para nombrar acciones. A continuación procedemos a inventariarlos por orden de aparición:

- mover (7)
- ver (2)
- querer (4)
- tener (2)
- prometer
- temer (2)

- dejar
- ofender
- clavar
- escarnecer
- herir
- haber (2)
- amar
- dar
- esperar (2)

La variedad y frecuencia de verbos señala que la voz está más interesada en las acciones que en las cosas. Ahora, de estos verbos, algunos conectan de manera directa con el mundo de las emociones o, para ser más exacto, de las pasiones, dada la potencia de las emociones bajo consideración. En primer lugar, y de manera muy significativa, el verbo mover, que aquí funciona con el significado de alterar emocionalmente, o conmover, o provocar una pasión:

- El cielo no me mueve
- El infierno no me mueve
- Tú, Dios, me mueves
- El verte en la cruz, Dios, me mueve
- El ver tu cuerpo herido, Dios, me mueve
- Tus afrentas y tu muerte, Dios, me mueven
- Tu amor, Dios, me mueve

La voz está hablando de ciertos estados emocionales y de sus causas; por tanto, está analizando sentimientos –aunque no todos los estados emocionales son de la misma naturaleza–. Así, el cielo se puede asociar con la alegría y el infierno con el miedo. Y la voz afirma que ni la alegría ni el miedo la conmueven. Esto es, confirma que no se va a dejar manipular por emociones básicas. Aquello que realmente apasiona a la voz es asunto emocional más complejo. No se trata de reaccionar con simpleza a los premios y a los castigos, sino de una reacción más intervenida culturalmente que denominamos compasión. Esta palabra no aparece explícitamente en el poema, aunque su significado está recogido en las frases que especifican aquello que realmente mueve a la voz. Para entendernos, el significado de compasión que propone el *DRAE* es el siguiente: «Sentimiento de conmiseración y lástima que se tiene hacia quienes sufren penalidades o desgracias». Y es justamente este sentimiento con el que se encuentra la voz al analizar las emociones que le provoca el pensar, o rememorar, o ver una representación de la pasión de Jesucristo. En fin, la voz se compadece profundamente de Jesucristo cuando considera mentalmente toda la carrera que concluye con su muerte en la cruz.

Los otros verbos asociados con emociones son los siguientes: Querer, temer, ofender, escarnecer, herir y amar. El primero y el último –querer y amar– funcionan como sinónimos y son dependientes del sentimiento amoroso y, por tanto, de la alegría y otras emociones de esta naturaleza –usualmente consideradas positivas–. Los otros verbos –temer, ofender, escarnecer y herir– se pueden relacionar con la tristeza y el miedo, y son emociones, junto con la ira y el asco, calificadas por lo general de negativas. La idea básica detrás de esta clasificación es que los objetos o las situaciones que producen emociones positivas son atrayentes, mientras que los que producen emociones negativas provocan huida o evitación. Y, por supuesto, tanto la idea de rechazo como la de atracción conllevan valoraciones morales o de otro tipo.

Por último, merece la pena resaltar que detrás de los verbos ofender y escarnecer se esconden sentimientos complejos que suelen ir de la mano del ya referido previamente de la compasión. Así, como sugiere el *DRAE*, ofender se puede entender como una humillación del amor propio o dignidad de alguien. Al utilizar este verbo, la voz quiere señalar que los posibles premios o castigos que le aguardan al final de su vida no explican su decisión de no herir la dignidad del Señor. Esta actitud contrasta con las referencias que introduce el verbo escarnecer, es decir, con todo lo relativo al tratamiento humillante que Jesucristo recibe durante todo el proceso de su pasión. El corolario es que una relación con Dios basada en el interés personal equivale a una ofensa contra su dignidad, además de una ruptura del círculo virtuoso de la reciprocidad que une a la voz que enuncia con Dios:

- Tu amor me conmueve, y a él respondo con un querer desinteresado

El terreno en el que acabamos de adentrarnos no es otro que el de los *sentimientos morales*, o sea, en el de la influencia de las emociones en la conformación de aquellos hábitos y conductas que se consideran necesarios para la buena marcha de la vida en común. En la tradición filosófica occidental, la compasión y el amor propio se suelen considerar dos de las emociones morales más básicas —aunque para nosotros, se trata de emociones secundarias influidas por la cultura de pertenencia y las experiencias personales—. La compasión, como hemos visto, consiste en la capacidad de las personas para ponerse en el lugar de los demás, que es lo que hace la voz en el poema al imaginar las penas y el ataque a la dignidad de Jesucristo. El amor propio, por su parte, se puede entender según una escala que nos llevaría desde el egoísmo más extremo hasta el altruismo más puro. Y lo que nuestro poema plantea es que el amor propio bien entendido consiste en el ejercicio de nuestra capacidad empática y en el rechazo como ideal de vida de la búsqueda del beneficio personal. La culpa y la vergüenza también suelen aparecer en las discusiones dedicadas a las emociones morales, pero no cumplen ningún papel relevante en el poema que acabamos de comentar. En la figura 9 presentamos el diagrama circular, si no de las emociones morales básicas en sentido estricto, sí de las cuatro que, cuanto menos, debemos tener siempre presentes en el análisis de la comunicación semiótica.

Concluimos aquí nuestro análisis del poema anónimo y dirigimos nuestra atención al cuadro 3 donde se recogen las variables que nos van a servir para describir el funcionamiento del modo lírico. El esquema que seguimos es básicamente el mismo que ya se utilizó en las otras dos modalidades estéticas, a saber, la distinción entre lo que se dice y cómo se dice. En esta ocasión hemos optado por denominar *contenido* al primer aspecto y *oración* al segundo.

2.3.1 Contenido

La placa fotográfica del libro de Duchenne que reproducimos en la figura 8 es un buen ejemplo de un mensaje que presenta estados emocionales utilizando patrones faciales. La recepción de este tipo de mensajes se basa en el mecanismo de la *empatía*. Según investigaciones recientes, la empatía parece ser resultado de la activación de ciertas áreas cerebrales ocupadas por las denominadas neuronas espejo. Somos capaces de identificarnos con los personajes sufrientes de una película porque, como señala el neurocientífico Marco Iacoboni, las neuronas espejo «re-crean para nosotros el dolor que vemos en pantalla» (14). Estas estructuras neuronales están detrás de nuestra capacidad para identificarnos no solo con otros seres humanos de carne y hueso, sino también con los entes de ficción. Aún más, asevera Iacoboni, al observar cómo los personajes de una obra de teatro, o de un cómic o una fotografía se besan, experimentamos el mismo tipo de emoción que nos inunda «cuando besamos a nuestros amantes» (14). Y la razón que explica este fenómeno es que las regiones cerebrales que se activan cuando observamos acontecimientos reales o ficticios son las que también entran en funcionamiento cuando los protagonistas somos nosotros directamente.

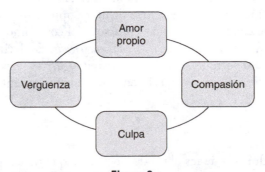

Figura 9
Emociones morales básicas

Lírica	
Contenido	**Oración**

• *Emociones*
  ◆ Primarias
  ◆ Secundarias
  ◆ Positivas
  ◆ Negativas
  ◆ Morales
• *Sentimientos*
• *Pasiones*
	• *Disposición emocional*
	  ◆ Flujo
	    ▪ Catarsis
	    ▪ Sentimentalismo
	    ▪ Sensiblería
	  ◆ Patrón
	    ▪ Consolación
	    ▪ Desengaño
	    ▪ Introspección
	• *Voz → Interlocutor*
	  ◆ Amonestación
	  ◆ Súplica
	  ◆ Conversación
	• *Focalizador emocional*
	  ◆ Identificación
	  ◆ Distanciamiento
	  ◆ Objetos de simpatía
	  ◆ Objetos de antipatía

Cuadro 3
Modelo para el análisis del modo lírico

Así se explica que las experiencias emocionales, como se apuntó previamente, no discriminen entre ficción y realidad. Y también que las fuentes de la emoción difieran en potencia empática debido a que no todas generan descargas neuronales de la misma intensidad. Por ejemplo, mientras que en la placa de Duchenne la expresividad emocional de los personajes aparece en forma directa ante nuestros ojos, la de los personajes en una narración escrita exige un esfuerzo de nuestra imaginación. Tiene sentido, por ello, que el lenguaje escrito o hablado sea más apropiado para la discusión de tipo sentimental, mientras que los medios que se sirven del cuerpo humano, sean más efectivos en la expresión emocional directa gracias a su mayor potencia empática.

Estas acotaciones se pueden ejemplificar fácilmente con traer a colación de nuevo el *Soneto a Cristo crucificado*. Si atendemos a su proceso de elaboración, es razonable pensar que el punto de partida fue una experiencia que el autor tuvo al contemplar una imagen escultórica o pictórica de Jesucristo en la cruz. La viva impresión emocional que la imagen provocó fue posteriormente traducida al medio escrito, de forma que la experiencia original terminó transformándose en una reflexión sentimental con implicaciones morales.

En consecuencia, el análisis del *contenido* lírico de un mensaje pasa por preguntarse acerca de su *potencia empática*. Esto implica, por supuesto, considerar la naturaleza de los medios expresivos utilizados. Pero, también, determinar la orientación del mensaje dentro de un campo delimitado por el polo de las *emociones* y el de los *sentimientos*. Labor que concluye con la clasificación del contenido utilizando las variables desarrolladas para describir la sentimentalidad del *Soneto a Cristo crucificado*. Es decir, por un lado, la distinción entre emociones *primarias* y *secundaria* o entre emociones *positivas* y *negativas*; y, por otro lado, la posible presencia de emociones secundarias que por su impacto en el buen o mal funcionamiento de la sociedad hemos denominamos *morales*.

2.3.2   Oración

Utilizamos este término por influencia de las obras de elocuencia que tienen por finalidad mover el ánimo de los oyentes, incluyendo en este grupo las oraciones de carácter religioso. Seguimos, por lo demás, un esquema similar al de los otros dos modelos de análisis que hemos dedicado al modo narrativo y al modo ensayístico. Es decir, empezamos con un vistazo a la ordenación del contenido emocional, para continuar con el análisis de la voz que enuncia y terminar con el focalizador emocional.

Disposición emocional.   Establecemos una distinción entre *flujo emocional* y *patrón emocional*. Pensamos esta diferencia no con referencia a dos formas distintas de ordenar, sino como dos perspectivas distintas de analizar una misma ordenación. La noción de flujo emocional se utiliza en el análisis de la publicidad audiovisual y debe mucho al dato de que este tipo de mensajes se apoya en bandas sonoras de carácter musical (Young 206). Y de la misma manera que la música se puede concebir como un flujo de sonidos y silencios, podemos describir cualquier mensaje lírico en términos de un flujo semiótico que va modulando la experiencia emocional del espectador. Desde esta perspectiva, decimos que una *oración* tiene una disposición emocional eficiente si posee la capacidad de captar la atención del receptor de manera tal que este experimente las emociones representadas como si fueran propias, es decir, con gran intensidad.

Esta experiencia es la base de lo que, desde la *Poética* de Aristóteles, se denomina *catarsis* o depuración de las emociones. El mecanismo básico es la empatía del receptor con voces, personajes o interlocutores presentes en la oración –objetos de empatía–. La identificación con alguno o algunos de estos dispositivos provoca en el espectador una vivencia profunda y vicaria del flujo emocional –sin sufrir las posibles consecuencias negativas que la ficción depare a los objetos de empatía propuestos–. Obviamente para que todo este mecanismo funcione adecuadamente, el diseño del flujo debe estar graduado en forma tal que asegure la vinculación constante del receptor.

La clave se encuentra en la concatenación temporal de los ciclos de tensión y relajación y en una sabia administración de sus respectivas intensidades. Hay que contar, además, con que el mecanismo está sometido a perturbaciones históricas y culturales constantes. Lo que en un momento determinado puede funcionar para producir una experiencia emocional, puede dejar de hacerlo en otro distinto. Y convenciones válidas en una cultura dada pueden producir la hilaridad o el desinterés en otra distinta. Asimismo, dentro de un ámbito cultural concreto, diferencias derivadas de las adscripciones de clase, género y raza pueden provocar reacciones discordantes ante el mismo producto semiótico. Lo que a un público dado le puede parecer natural, a otro le merecerá el calificativo de exagerado. Así ocurre, por ejemplo, cuando hablamos del *sentimentalismo* excesivo de tal o cual mensaje o, incluso, de su *sensiblería*, para enfatizar que su tratamiento de las emociones y los sentimientos es trivial y tan excesivo que parece fingido y, por tanto, incapaz de producir catarsis.

Por otro lado, un análisis de la disposición en términos de *patrones emocionales*, supone una consideración más estática del fenómeno que antes hemos descrito en términos de un flujo graduado de emociones. Ya no se trata de enfocar el asunto como una experiencia única que se desenvuelve sin solución de continuidad a lo largo del tiempo, sino como una sucesión discreta de dispositivos organizados sistemáticamente. Tampoco se trata de atender a cómo experimentamos emocionalmente tales o cuales artefactos culturales, cuanto de investigar su funcionalidad.

Desde esta perspectiva, resultaría significativo, por ejemplo, el análisis de la ordenación de los verbos y sustantivos que acarrean significación emocional en el *Soneto a Cristo crucificado*. Y si lo hacemos, observaremos, de hecho, que los sustantivos están dispuestos con cierta simetría:

1. Cielo
2. Infierno
3. Cruz
4. Cuerpo
5. Muerte
6. Amor
7. Cielo
8. Infierno

No cabe duda que el lector experimenta esta sucesión como un flujo circular (cielo/infierno → ... → cielo/infierno). Ahora, un análisis discreto de los componentes nos lleva a enfatizar que el significado preciso de 'cielo' e 'infierno' en su segunda y postrera aparición ha quedado modificado profundamente por un trayecto que nos ha colocado imaginariamente, primero, frente al sufrimiento que los hombres infligen a Jesucristo –cruz, cuerpo, muerte– y, segundo, frente a la generosidad del Señor que, a pesar de su sufrimiento, decide irradiar con su amor a la humanidad. ¿Cómo puede la voz responder a tal gesto? Correspondiendo y cerrando el círculo virtuoso de la reciprocidad al que me referí más arriba.

Este ejercicio de resignificación indica que el patrón emocional tiene por objetivo provocar en el lector una labor de *introspección*. Se le invita a una autoevaluación, a una reconsideración de su religiosidad, a sopesar el por qué de su devoción, a purificar aquellas tendencias de su conducta que confunden el amor propio con el interés egoísta. Y así podríamos continuar nuestro análisis hasta llegar a comprender la razón por la cual el poema ha sido interpretado a lo largo del tiempo como una manifestación suprema del misticismo español del siglo XVI.

Señalar, por otro lado, que la introspección no es la única orientación disponible a la hora de trabajar el patrón emocional. La tradición lírica ha habilitado multitud de opciones posibles en base a los sentimientos o emociones que se quieran colocar en el foco de atención. Nos limitaremos a comentar un par de ellos más. Al primero lo denominaré el patrón de la *consolación*, y fue teorizado por Umberto Eco en conexión con el folletín y el melodrama decimonónico.[8] Consiste básicamente en una presentación de los problemas de naturaleza social como si fueran conflictos de tipo emocional. Esta estrategia permite que la resolución de la problemática sentimental se presente artificiosamente como la respuesta adecuada a un tipo de situaciones que en realidad solo se puede resolver mediante la acción política. El efecto que se busca con este tipo de estructuras es, primero, desviar la atención desde el ámbito de las relaciones sociales al de las relaciones sentimentales; y, segundo, aliviar la tristeza, la desesperación y el sufrimiento acumulados en la vida diaria por los miembros de las clases subalternas mediante catarsis emocionales repetidas.

El último patrón que quiero comentar, el del *desengaño*, hace referencia a prácticas semióticas preponderantes durante el barroco español. En una época de crisis sistémica, la comunicación estética más característica del siglo XVII tuvo la tendencia a desvalorizar los asuntos mundanos, presentando una visión del mundo tremendamente pesimista en que las emociones clave fueron la tristeza, el miedo y la angustia. La vida se presenta como carente de sentido, de forma que solo cabe esperar y desear la llegada de la muerte para que Dios libere a los humanos de las miserias de la vida. Dado que, a diferencia del patrón previo, no hay consolación viable en esta vida, la posibilidad de una depuración de las pasiones está excluida del patrón –esto es, propone soluciones cerebrales o intelectualistas–. El estado de tristeza es ineludible y se canaliza a través de la melancolía, la cual añade a la estructura emocional el bagaje de la impotencia. En resumidas cuentas, según este patrón no tiene ningún sentido el intervenir activamente para cambiar la situación en que se ve atrapado el ser humano. Esto indica que las llamadas al desengaño fueron expresión de una cosmovisión bastante conservadora, aunque obviamente refleja la conciencia de crisis que el arte de la época llegó a desplegar. Pero es un tipo de conservadurismo distinto al que vimos en el patrón de la consolación, que es más propio de una época que ya está atravesada por la visión optimista del progreso tan característica de la modernidad capitalista.

Voz → Interlocutor.   Resulta bastante común que el mensaje lírico aparezca en forma de diálogo explícito, como ocurre en el *Soneto a Cristo crucificado*. De aquí que haya introducido la noción de *interlocutor* para señalar un papel similar al que cumplen el *narratario* y el *auditorio* en el modo narrativo y lírico respectivamente. Pero, obviamente, muchos mensajes líricos carecen de este tipo de dispositivos. No obstante, si detectamos su presencia, resulta importante analizar la situación dialógica concreta que tenemos entre manos. Para empezar, hay que tomar conciencia de que no todo diálogo ocurre entre iguales, pero en caso de que sea así, estaremos facultados para hablar de una *conversación* llana y sin ceremonia. Este es el tipo de diálogo que la voz establece con Dios en el *Soneto*, como se puede observar por la familiaridad en el uso de la segunda persona del singular –quererte, tú me mueves, etc.–. Indica, por tanto, una relación que no está atravesada por el temor al poderoso, sino por la confianza debida al amigo. Las otras dos variables se fundan en relaciones de desigualdad. Cuando la voz que habla se dirige a un interlocutor al que se considera inferior, decimos que se trata de una *amonestación* cuyos objetivos probables serán la advertencia o la represión. Finalmente, el diálogo entre una voz inferior y un interlocutor poderoso se puede describir como una *súplica* que incorpora probablemente una actitud de sumisión o humildad.

---

[8]Consultar el artículo de Eco recogido en la bibliografía.

Focalizador emocional. En muchos sentidos, el mecanismo de la *identificación* se puede entender en términos del focalizador interno que analizamos en el modelo de análisis dedicado al modo narrativo. Pero ahora el énfasis lo ponemos en la búsqueda de una reacción emocional —sea positiva, neutra o negativa— con respecto a los objetos, personajes o situaciones incorporados al mensaje lírico. La *identificación* del receptor se basa en el mecanismo de la empatía que se comentó más arriba. Suele ser una experiencia compleja que implica la asociación del objeto que se presenta para la *identificación* o el *distanciamiento* con determinados estados emocionales y valoraciones de variado tipo. Cuando los objetos, personajes o situaciones se presentan buscando la identificación del receptor, nos referiremos a ellos con la noción de *objetos de empatía* u *objetos de simpatía*. Y cuando el objetivo es el distanciamiento, hablaremos de *objetos de antipatía*.

3 | Los signos

El *signo* es el medio que utiliza la comunicación humana para transmitir información o dar instrucciones. Prácticamente, cualquier cosa puede desempeñar el papel de signo, como bien se observa en la primera definición del vocablo que nos propone el *DRAE*: «Objeto, fenómeno o acción material que, por naturaleza o convención, representa o sustituye a otro». Hay que mencionar, además, que a veces se suele hacer una distinción entre signo y *señal*, asociando el primer término exclusivamente con la transmisión de información y el segundo con las instrucciones y las advertencias. Pero esta es una práctica que no vamos a seguir aquí, por lo que utilizaremos la palabra 'signo' en conexión con todo tipo de contenidos semánticos.

El mundo de los signos es vasto y, antes de investigar la variedad de su presencia en la comunicación estética, vamos a fijar un vocabulario elemental para entender mejor el fenómeno de la significación. Sin ir más lejos, hablaremos de *semiosis* para indicar este fenómeno que acabamos de señalar. Reparemos, también, que el signo es una conexión entre objetos, fenómenos o acciones materiales, de forma que unos sustituyen o representan a otros. A aquello que cumple la función de representar –el vehículo físico del signo que está en el lugar de otros objetos, fenómenos o acciones– lo vamos a denominar el *significante* del signo. Por su parte, a los objetos, fenómenos o acciones sustituidos o representados por el significante los llamaremos el *referente* del signo. Todavía debemos añadir que, en sentido estricto, la semiosis solo se produce cuando el significante que representa tal o cual referente genera un *significado* en la mente de las personas. La ligazón de los tres términos que intervienen en la semiosis se suele disponer en forma de triángulo, tal como se puede ver en la figura 10.[1]

Podemos ejemplificar la tríada semiótica de la siguiente manera. Si a una persona que no entiende castellano le digo de viva voz la palabra 'rosa' o le escribo la palabra 'rosa', o sea le transmito el significante sonoro 'rosa' o el significante escrito 'rosa', no entenderá absolutamente nada. Para tal persona, estos dos significantes no pueden comunicar adecuadamente por la sencilla razón de que no generan ningún significado en su mente que pueda asociar con un referente existente en la realidad. Muy distinto puede ser el caso si abro mi cartera y le enseño una foto de una rosa. En este caso la foto es un significante que automáticamente genera en su mente la idea, concepto o imagen mental de una rosa, si es que conoce esta flor específica, o la idea, concepto o imagen mental de una flor, si es que nunca ha visto una rosa pero sí otro tipo de flores. Y el referente para tal persona no será específicamente la flor concreta que yo fotografié al principio del verano en un jardín –ver imagen 1– sino las flores o rosas que ha visto a lo largo de su vida y aquellas otras que previsiblemente verá en el futuro.

Como se puede comprender, e ilustramos en el capítulo primero con nuestra lectura de la disputa de los griegos y los romanos, la semiosis es asunto altamente subjetivo dado que los significados emergen cuando las conciencias entran en contacto por medio de los signos. Pero la dimensión privada de la comunicación hay que entenderla en su justo término, salvo que nos inclinemos por negar cualquier posibilidad de entendimiento. Las experiencias de vida, siendo como son intransferibles, aseguran que la comprensión de un signo dado pueda variar de persona a persona. Sin embargo, esta variación siempre ocurre dentro de unas coordenadas que no dependen del libre arbitrio de los que participan en la semiosis. Como bien dijo Marx, las personas hacen su

---

[1]Para un análisis extenso del triángulo semiótico recogido en la figura 10 se aconseja consultar el libro de Eco dedicado al signo (24--27).

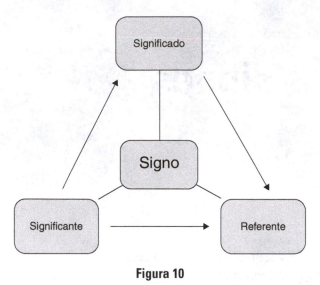

Figura 10

El triángulo semiótico

propia historia, pero no la hacen bajo circunstancias que puedan elegir libremente, sino bajo las existentes en un momento y lugar dados.[2] En definitiva, «variación dentro de un orden» sería la regla de todo acto semiótico.

Esta regla se advierte mejor en cuanto notamos que el significado de un signo, su *campo semántico,* es resultado de la congregación de un núcleo de significación con una pluralidad más o menos extensa y compleja de significados asociados. Tanto el significado primordial como los asociados –a los que vamos a denominar *denotación* y *connotación* respectivamente– se van interiorizando a lo largo de la existencia de las personas. Se sigue, por tanto, que diferentes trayectorias vitales den lugar a variantes de los mismos campos semánticos. Por lo demás, la existencia de estas variantes facilita que el significado de los signos vaya evolucionando a lo largo del tiempo.

Luego, cuando hablamos de la denotación de un signo nos estamos refiriendo a los significados más estables y comunes. Verbigracia, la denotación más obvia de la palabra 'rosa' se recoge en la siguiente idea contenida en la primera acepción que de la locución nos propone el *DRAE*: «Flor del rosal». Es frecuente, por ello, referirse a la denotación de las palabras diciendo que son los significados recogidos en los diccionarios. No obstante, conviene matizar esta afirmación, pues es posible, por seguir con nuestro ejemplo, que la entrada séptima –«fruta de sartén hecha con masa de harina»– sea un significado desconocido para muchos hablantes del castellano. Igualmente, si el significante utilizado es una imagen –la imagen 1–, no es probable que el receptor tome en consideración la mayor parte de las definiciones que nos ofrece el *DRAE*, ya que la percepción de una imagen establece una conexión con el referente que difiere de la que fomenta la voz humana. Lo más razonable, por tanto, es pensar que la denotación más compartida por los hablantes de una lengua en un momento dado se recoge en la definición primaria o principal que encontramos en un diccionario actualizado; siendo las otras acepciones, bien desplazamientos del sentido original, bien antiguas acepciones primarias en desuso. Nuevamente, puede ser útil pensar en términos del sobrentendido:

  i. Para entender un signo hay que estar familiarizado con su código
 ii. La denotación principal es aquella que está más descontextualizada. Es, por tanto, la que comúnmente se asocia con el signo con independencia del tipo de significante utilizado: Voz, escritura, imagen, etc.
iii. Las denotaciones secundarias exigen, por lo general, un conocimiento más preciso de su contexto de uso

De esta manera, la acepción séptima que da el *DRAE* de la palabra 'rosa' puede venir a la mente con naturalidad en una discusión dedicada a las frutas de sartén o, claro, si miramos directamente una foto del dulce en cuestión. Se trata, por supuesto, de una denotación derivada de la denotación primaria; y, más en concreto, de una catacresis provocada por la semejanza visual que hay entre la rosa natural y la fruta de sartén del mismo nombre.

---

[2]La cita se encuentra en *El 18 Brumario de Luis Bonaparte* (*Surveys from Exile* 46).

Imagen 1

Rosa (Oscar Pereira-Zazo, 2014)

En cuanto al otro componente del campo semántico, señalar que las connotaciones aportan una constelación más o menos compleja de sentidos figurados al núcleo básico denotativo. En un fenómeno que es inevitable, el mecanismo de la connotación va incorporando paulatinamente al significado más propio, exacto y literal del signo aquellas evaluaciones de todo orden con que el signo va topándose al ser utilizado en una miríada de situaciones comunicativas. Por supuesto, la repetición y la frecuencia son asuntos clave, pues solo podemos hablar de una contaminación exitosa cuando la conexión entre el signo y la valoración se reproduce automáticamente, es decir, sin la intervención consciente del interlocutor. En este sentido, el territorio de la connotación está habitado por estereotipos, imágenes consagradas y declaraciones formularias; es decir, está poblado de *lugares comunes* o configuraciones estables de motivos culturales.[3]

La connotación no es otra cosa, entonces, que cierta capacidad de evocación; y tanta más potencia connotativa tendrá un discurso cuanta más habilidad tenga para traer a la memoria y a la imaginación del auditorio retazos de experiencias semióticas previas. Con este fundamento, la comunicación evocativa no puede descartar la ambigüedad o la apertura como resultado final de la semiosis. Cierto es que la utilización de mensajes con alto contenido connotativo se nutre de lugares comunes, pero tampoco se puede descartar que se despierte en el auditorio eso que podemos denominar, por contraste, los *lugares privados*, o sea, las constelaciones culturales más personales e idiosincráticas. Y puesto que el discurso estético suele utilizar signos con gran potencia connotativa, se puede comprender que lo califiquemos de *discurso polivalente*. Esta idea ya se recogió en el primer capítulo cuando establecimos una oposición entre los mensajes descontextualizados de la comunicación científica y esos otros mensajes cuyo sentido solo se puede entender al incorporar al análisis el sobrentendido que los interlocutores comparten y que, por supuesto, no hallaremos explícito en el mensaje. De ahí que a los discursos de tipo lógico, matemático o científico se les tase de *discursos monovalentes*, dado el esfuerzo que hacen por eliminar las evocaciones que surgen con el libre juego de las connotaciones.

---

[3]En poesía se suele utilizar la noción de *topoi*, que a veces se traduce como 'topos' o 'tópico', para hablar de los lugares comunes de la tradición literaria. Consultar sobre este asunto el diccionario de Angelo Marchese y Joaquín Forradellas recogido en la bibliografía (407).

Pasemos a revisar, ahora, el funcionamiento concreto del mecanismo de la connotación con la ayuda de un bello poema escrito en el siglo XVI por Garcilaso de la Vega. En concreto, vamos a centrarnos en cómo usa la palabra 'rosa' este autor. Claro está, nos interesa investigar cómo se complementa su significado denotativo con una serie de connotaciones. He aquí el poema:

Soneto

En tanto que de rosa y de azucena
se muestra la color en vuestro gesto,
y que vuestro mirar ardiente, honesto,
con clara luz la tempestad serena.

Y en tanto que el cabello, que en la vena
del oro se escogió, con vuelo presto,
por el hermoso cuello blanco, enhiesto,
el viento mueve, esparce y desordena:

Coged de vuestra alegre primavera
el dulce fruto, antes que el tiempo airado
cubra de nieve la hermosa cumbre.

Marchitará la rosa el viento helado.
Todo lo mudará la edad ligera,
por no hacer mudanza en su costumbre.[4]

La declaración de este poema lírico se apoya en la siguiente estructura discursiva: «En tanto que… en tanto que… coged… antes que… todo lo mude la edad ligera». El uso del imperativo («coged») indica que la voz advierte o aconseja al interlocutor o interlocutora (no hay marcas del sexo) que haga algo *antes que* el tiempo destruya la vida. Apreciamos, pues, una primera asociación –mecanismo que da lugar a la connotación– entre *rosa* y *tiempo*. Resulta significativo, por ello, que la palabra 'rosa' aparezca en dos ocasiones, una al principio y otra al final del poema, pues se establece una distancia temporal –tiempo de lectura– y semiótica –flujo semántico producido por la concatenación de las distintas palabras– que debe ser recorrida por el lector. También es significativo que la primera vez que aparece «rosa» las palabras que vienen a continuación apuntan a significados y valores positivos:

- Azucena (otra flor)
- El color rosa (el de la rosa) y el blanco (el de la azucena) para referirse al color de la cara del interlocutor (colores que se asocian con la salud y la juventud)
- Mirada ardiente (enamorada)
- Mirada honesta
- La clara luz de los ojos
- El mirar enamorado es honesto y su honestidad apacigua la tempestad (la pasión) del amor

Mientras que en su segunda aparición, la palabra se agrupa con otras que aportan tintes negativos. Por cierto, el cambio de valoración –el paso de la agrupación marcada positivamente a la marcada negativamente– se produce en el punto de inflexión temporal contenido en la locución conjuntiva «antes que». Después de esta expresión entramos en un mundo acosado por el frío y la muerte:

- Tiempo airado (todo lo que vive envejece y muere)
- Nieve

---

[4]Recogido en Juan Boscán (CLXXv). He introducido algunos cambios en la puntuación y ortografía.

- Marchitar (envejecer y morir)
- Viento helado (que destruye)

En definitiva, hay un «rosa» antes de que aparezca ese «antes que» y un «rosa» muy distinto después de él, y la diferencia estriba en las distintas asociaciones que se han ido desplegando a lo largo del poema –asociaciones que, a manera de virus, se inyectan al campo semántico del significante «rosa»–. Así lo vemos en el recorrido a que se ve sometido el lector del poema, pues lo lleva desde el agrupamiento inicial de *rosa-juventud-salud-honestidad-serenidad-oro-belleza-alegre primavera-dulce fruto* hasta el postrero de *rosa-frío-vejez-muerte*. El resultado es una percepción angustiada de la vida en cuanto se la observa desde la atalaya del paso del tiempo. Y para que el lector –sobre todo el que es joven– entre en situación, el autor utiliza, a manera de estrategia didáctica, la existencia realmente transitoria de una rosa cualquiera. El aviso final es el siguiente: «Aunque a las personas jóvenes les pueda parecer que el tiempo pasa despacio, el recorrido de la vida humana es, en realidad, efímero como el de una rosa. Lo mismo se puede decir de la hermosura, que no dura más que lo que la belleza a una flor».

Acabamos de describir dos lugares comunes o *tópicos* que la tradición poética ha incorporado al campo semántico de la palabra 'rosa'. Por un lado, la rosa como epítome de la belleza y, por otro, como cifra de la brevedad de la juventud. El primer tópico asocia la denotación del signo con emociones y sentimientos positivos, y el segundo, con emociones y sentimientos negativos. El poema, su estructura, juega agudamente con ambos tipos de valoración emocional para crear tensión y dinamismo. El resultado final es otro importante lugar común de la tradición poética europea, el *carpe diem*, la exigencia de no dejar para mañana lo que se puede hacer hoy, la necesidad de aprovechar cada momento antes de que sea demasiado tarde.

Puesto que la comunicación no descansa, el juego de las connotaciones tampoco lo hace. Es decir, no debemos inducir de nuestros comentarios al campo semántico del signo 'rosa' que nos las habemos con fenómenos fácilmente acotables y manejables. Del constante tráfago semiótico emerge un sistema dinámico atravesado de interminables peleas semióticas. Llevados de nuestro afán analítico intentamos, quizás, detener esta circulación artificialmente para observar configuraciones momentáneas y parcelas muy específicas de ese sistema. Y al efectuar esta ralentización, gran parte de nuestra tarea se tiene que consumir en la investigación de las *redes connotativas* de los signos porque, al fin y al cabo, sus denotaciones son mucho más persistentes en el tiempo. A continuación, para nuestra sorpresa, nos damos cuenta que esta investigación es un componente clave del análisis de la cultura en su conjunto, de sus valores morales y evaluaciones emocionales predominantes, de lo que en ella se entiende por bueno o malo, o por bello o feo, de lo que, en fin, se considera mejor o peor en función del nivel educativo y económico de las personas. Y, finalmente, colegimos que todos los canales y niveles de la comunicación están implicados en las *disputas de demarcación* connotativa de los signos.

Así es. Aunque la cultura se compone por la mayor parte de lugares comunes tradicionales que parecen autoperpetuarse, ello no impide que los quijotes de la semiosis se empeñen en luchar con sus modestos actos comunicativos contra aquellas viejas usanzas que creen malas para desplazarlas y sustituirlas por otras más afines a su cosmovisión e ideología. La masividad, sin embargo, impera, y aquellos medios privados que ponen en circulación cantidades ingentes de mensajes tienen la capacidad de determinar el universo de valores y evaluaciones que caracteriza a una sociedad determinada. Pues bien, toda la compleja situación descrita se puede esquematizar de la siguiente manera:

- La comunicación estética se basa en la denotación de los signos utilizados, pero su riqueza depende en gran medida de las connotaciones acumuladas a lo largo del tiempo
- El grueso de las connotaciones es un legado de la tradición cultural
- Toda comunicación estética establece una relación más o menos conflictiva con este legado
- Cualquier comunicación estética puede, en principio, crear nuevas connotaciones con el objetivo de reorganizar el campo semántico de los signos bajo consideración

Quizás sea apropiado recordar que la recepción es también un componente ineludible de la comunicación y que, por tanto, estas observaciones no solo toman en consideración la producción y distribución de los mensajes. La semiosis no concluye hasta que los significados no germinan en las conciencias de los lectores y espectadores. Y una buena manera de participar activamente en la determinación del significado es observando cómo el conflicto de las valoraciones se dirime en nuestras mentes y en nuestras conversaciones cotidianas.

Nos queda un último punto por elaborar antes de terminar esta introducción, el de la tipología de los signos.[5] Si recordamos la definición de signo que dimos al principio del capítulo, se podrá entender mejor qué queremos decir cuando hablamos de tipos de signos, ya que se trata sencillamente de clasificarlos en función de cómo los significantes representan o sustituyen a sus referentes. También se apuntó en la misma definición que la diferencia esencial entre unos y otros tipos de signos es la siguiente: Hay signos que utilizan significantes que refieren a sus objetos valiéndose de su propia naturaleza, mientras que otros signos utilizan significantes que conectan con su referencia por pura convención.

Lo que entendemos por *convención* queda bien expresado en la acepción tercera de esta palabra que nos da el *DRAE*, a saber, una «práctica admitida tácitamente, que responde a precedentes o la costumbre». Así ocurre, por ejemplo, con el sonido 'rosa' o con la palabra 'rosa', que se relaciona indisolublemente con el significado o el referente 'flor del rosal' gracias a una vínculo adquirido durante el aprendizaje de la lengua castellana. Que se trata de una convención es fácil de verificar, pues en otras lenguas ese sonido y esa palabra del castellano no significan o refieren a la misma cosa, si es que significan o refieren a algo. En inglés, por ejemplo, se utiliza otro significante –'rose'–, que tiene cierto parecido con el castellano porque tanto el inglés como el castellano derivan sus significantes dedicados a la 'flor del rosal' del latín 'rosa-rosæ'. Pero, por ejemplo, en náhuatl se dice, según la Wikipedia, 'caxtillān tlapalpopozōn', que para un no nativo como yo, no sugiere gran cosa, salvo que 'tlapalpopozōn' debe ser el nombre de una flor autóctona de Mesoamérica y 'caxtillān' debe derivar de Castilla. Pues bien, a este tipo de signos que son convencionales los vamos a denominar *símbolos*.

En cuanto a los significantes que se vinculan con sus referentes en base a algún rasgo o rasgos de sus propiedades físicas, los hay de dos tipos, *íconos* e *índices*. Los primeros significan gracias a la semejanza que ostentan con el objeto que representan. Así ocurre con las fotografías. Por ejemplo, la imagen 1 significa 'la flor del rosal' y refiere al objeto 'rosa' porque mantiene una semejanza estructural respecto de las rosas que podemos ver en nuestros jardines. Fijémonos que la foto tiene sólo dos dimensiones, mientras que el objeto 'rosa' es tri-dimensional. No obstante, la apariencia visual de la rosa representada en la foto es similar a la apariencia visual de muchas rosas reales. En general, la representación visual figurativa –fotos, pinturas, dibujos, etc.– es de tipo icónico. Como también es ícono una rosa real cuando se la utiliza, por ejemplo, en una obra de teatro o en situaciones comunicativas que incorporan objetos reales entre sus signos, caso de los *collages* pictóricos.

Reparemos, no obstante, en que no toda representación visual es de naturaleza icónica, pues las imágenes también pueden funcionar convencionalmente. Así ocurre con los emblemas, la escritura alfabética o los signos gráficos y visuales artificialmente codificados que se utilizan para ordenar el tráfico. Y a la inversa, no todos los signos icónicos son necesariamente de naturaleza visual. Por ejemplo, las onomatopeyas son íconos sonoros, es decir, imitaciones de sonidos naturales, lo que indica que no todas las voces de una lengua significan por convención. También son íconos sonoros los *collages* musicales que incorporan sonidos naturales, pregrabados o no, durante su ejecución.

Los índices, por su parte, son significantes que conectan con sus referentes gracias a la relación de contigüidad –espacial, temporal o ambas– que mantienen con ellos. Cuando hay una relación de cercanía temporal –algo ocurre inmediatamente después de otra cosa–, ello puede deberse a que estamos en presencia de una relación de causa a efecto. Por ejemplo, si oigo un trueno es porque las nubes se han descargado de electricidad estática ocasionando un rayo. De esta forma, podemos establecer inferencias de significación como la siguiente *trueno ➜ rayo ➜ tormenta*. En esta secuencia, el sonido del trueno es un índice del rayo que he podido ver o no. Y tanto el 'trueno' como el 'rayo' pueden funcionar a su vez como índices de 'tormenta'. Ahora bien, no todas las conexiones basadas en la contigüidad temporal se deben a relaciones de causa-efecto. Sin ir más lejos, en una película las imágenes se suceden unas a otras a una velocidad por lo general constante y ello no implica necesariamente una relación causal.

Las relaciones de proximidad espacial también pueden dar lugar a conexiones indiciarias. Y se debe advertir lo mismo que se comentó en el párrafo anterior, a saber, que los lazos pueden ser de naturaleza causal o no. Entre un dedo y su huella sí hay una relación de causalidad: El dedo imprimió la huella. En este caso, la huella

---

[5]Seguimos la clasificación propuesta por el filósofo estadounidense Charles Sanders Peirce. Consultar a este respecto el artículo "Semiotic elements and classes of signs" recogido en la bibliografía.

es un indicio del dedo, que a su vez lo es de la persona de la que el dedo es parte *–huella* ➔ *dedo* ➔ *persona–*. De ahí que ciertos índices –huellas, pistas, rastros e indicios– sean fundamentales en la investigación criminal. Sin embargo, en muchas ocasiones las relaciones de contigüidad espacial pueden ser fortuitas y no tiene mucho sentido que las pensemos en términos de una relación causal. Así ocurre, por ejemplo, cuando nos vamos acercando a una ciudad, sea por avión u otro medio de transporte, y detectamos la presencia de determinada construcción o accidente natural emblemático que nos indica que estamos llegando a nuestro lugar de destino.

En fin, un último comentario antes de cerrar esta introducción. En lo que resta de capítulo vamos a presentar una serie de vocabularios dedicados a los significantes habituales de la comunicación estética. Estos significantes pueden ser resultado o no de una combinación de tipos de signos distintos. El cine, por ejemplo, suele utilizar una mezcla de símbolos, íconos e índices. Por su parte, la narración en prosa se apoya casi en exclusiva en el símbolo escrito. Y así podríamos ir enumerando otros medios de expresión en que la tipología de los signos se maneja con el objetivo de adaptarse a la forma característica de transmitir la información del medio en cuestión.

3.1 Palabras

Cuando utilizamos la palabra 'discurso' estamos, potencialmente, mencionando muchas cosas distintas al mismo tiempo debido a su fuerte polisemia, o sea, a que reúne un buen número de denotaciones diferentes. En esta sección nos limitaremos específicamente a una de ellas, a saber, la que refiere a una «serie de palabras y frases empleadas para manifestar lo que se piensa o siente» (*DRAE*). Se trata de algo bastante elemental. No nos interesa tanto lo que se piensa o se dice, sino el mero discurrir de las palabras cuando hablamos y escribimos, o sea, su sucesión y agrupamiento.[6]

Por otro lado, aunque admitamos que hay diferencias significativas entre el discurso del habla y el de la escritura, no tiene mucho sentido negar que el fundamento de los medios de expresión que utilizan la palabra es la comunicación oral. Por eso, puede ser de interés para entender lo que nos proponemos hacer, el traer a colación un nuevo concepto, el de *prosodia*. El terreno de estudio de esta parte de la gramática incluye la pronunciación, la acentuación y otros rasgos fónicos de sílabas, palabras y oraciones. Nos preocupa, entonces, cómo se dispone en el tiempo el discurso de sonidos y silencios para facilitar la comunicación por medio de palabras.

Pues bien, en toda ordenación de elementos en el tiempo, como muy bien señala Rafael Lapesa, el *ritmo* es elemento esencial (57). Esto cuenta no solo para la danza, la música o la narrativa, a las que nos referimos en el capítulo previo, sino también para todo mensaje que se transmita por medio del habla y la escritura. Y así se recoge en una de las acepciones de la palabra 'ritmo': «Grata y armoniosa combinación y sucesión de voces y cláusulas y de pausas y cortes en el lenguaje poético y prosaico» (*DRAE*). Combinación y sucesión, por tanto, de cláusulas, pausas y cortes. Ahora bien, la noción de cláusula que se incluye en la definición puede dar lugar a confusión, pues denota un segmento del discurso que tiene un sentido completo –es decir, que contiene una o varias oraciones encadenadas–. El inconveniente es que tanto en la comunicación hablada como en la escrita el fragmento de discurso entre pausa y pausa no tiene por qué coincidir con una oración completa. Este fenómeno se entiende mejor si consideramos, por ejemplo, que el habla se integra por lo general en situaciones de diálogo, de forma que no es inusual que la intervención de un interlocutor sea interrumpida por otro o que un interlocutor complete la cláusula comenzada por otro. Por esta razón, como recogemos en el cuadro 4, la unidad de segmentación del discurso que vamos a considerar en nuestro análisis es lo que se suele denominar un *grupo fónico* –también, *cadena fónica*–, cuya definición, de hecho, ya se ha dado, pues es el fragmento de discurso contenido entre pausas –el término 'corte' simplemente indicaría una pausa más larga o definitiva–.

Las investigaciones que se han realizado sobre la realidad empírica del grupo fónico subrayan que hay diferencias sustanciales en términos de duración o longitud entre los grupos fónicos del habla y los de la escritura. El dato básico es que los primeros suelen ser más cortos o breves que los segundos. Así, con relación a los grupos de la escritura se suele citar la investigación realizada por Tomás Navarro Tomás en algunos escritos de principios del siglo XX. El resultado fue que la mayoría de los grupos fónicos rondaban entre las 5 y 10 sílabas (67,91% del total), siendo los más numerosos los de siete y ocho sílabas (26,32%). Por contra, según comentan Antonio Quilis *et al.*,

---

[6]Puede resultar tremendamente útil el consultar el libro de Rafael Lapesa Melgar recogido en la bibliografía, específicamente el capítulo VIII dedicado a los asuntos que vamos a tocar en esta sección.

la generalidad de los grupos fónicos del habla espontánea fluctúan entre las tres y ocho sílabas (52,2%), siendo los más abundantes los de cinco sílabas (18,7%) seguidos por los de seis (18,5%) y cuatro (18%).[7] Claro, estos datos hay que tomárselos con cierta discreción, pues las cadenas fónicas pueden variar al pasar de unas situaciones comunicativas a otras, de unos géneros a otros, de unos tiempos a otros. Ahora bien, sí parece razonable pensar que la escritura tenga una tendencia intrínseca a organizar los segmentos fónicos en unidades de mayor longitud en cuanto que está desligada tanto de la comunicación inmediata como de ciertas limitaciones fisiológicas del ser humano –hay que respirar de vez en cuando–, y, por consiguiente, de las condiciones que impone el intercambio hablado espontáneo y natural. Afirmación que, en todo caso, puede estar sujeta a revisión si pensamos en géneros de desarrollo reciente como los SMS –así parece indicarlo su nombre: *Short Message Service*–.

El resto de fenómenos que intervienen en el ritmo del discurso hablado o escrito tiene que ver con ciertas propiedades de la cadena fónica. Me refiero a las otras dos variables agrupadas en la columna del ritmo en el cuadro 4, a saber, la *melodía* y el *acento*. Como señala el *DRAE*, el acento es el «relieve que en la pronunciación se da a una sílaba de la palabra, distinguiéndola de las demás por una mayor intensidad o por un tono más alto». En castellano, todas las palabras se acentúan. O lo que es lo mismo, todas las palabras tienen un acento prosódico o tónico. Pero no todos se marcan con un acento gráfico. La utilidad de las reglas de acentuación reside en que, una vez conocidas, es relativamente fácil determinar en qué sílaba recae el acento prosódico.[8] Otro dato a retener es que la mayoría de las palabras de la lengua castellana tiene el acento tónico en la penúltima sílaba, es decir, son palabras llanas. Le siguen en frecuencia aquellas palabras, las agudas, en que el acento recae en la última sílaba, siendo las más escasas las palabras esdrújulas o sobresdrújulas que acentúan la antepenúltima o la anterior a la antepenúltima sílaba respectivamente.

La melodía o modulación de la musicalidad del grupo fónico depende, por su parte, de multitud de factores. De momento, señalar que dos variables cardinales son la entonación con que se pronuncia la cadena fónica y la manera en que se distribuyen a lo largo de ella las sílabas acentuadas.[9] Si tomamos en consideración que un grupo fónico contiene un número específico tanto de sílabas como de palabras, la distribución de los acentos tónicos dependerá de la longitud silábica de las palabras utilizadas y por supuesto de su tipo –agudas, llanas o esdrújulas– y encadenamiento. En todo caso, si se utilizan palabras polisilábicas la distancia entre los acentos aumentará y sin son más breves disminuirá. La distribución medida del acento a lo largo de la cadena fónica da lugar a un tipo de ritmo que se denomina *acentual*, que es frecuente encontrar en las palabras que acompañan al canto y al baile. En castellano, se utiliza en ocasiones la nomenclatura de medición del antiguo verso greco-latino –los distintos tipos de *pies* que nombraban combinaciones de sílabas breves y largas– para clasificar los grupos fónicos, mas ahora en función de cómo se combinan las sílabas átonas con las tónicas.[10] Con independencia de la terminología utilizada, conviene estar atento al impacto de la acentuación en el ritmo de las series fónicas. Tendremos oportunidad de ver un ejemplo un poco más abajo.

En cuanto a la entonación, al ser el español una lengua no tonal, los cambios de tono no sirven para distinguir palabras. Su función primordial es transmitir información sobre las circunstancias de la comunicación. De aquí que al cambiar el tono con que se pronuncia el grupo fónico seamos capaces de distinguir entre exclamaciones y mandatos, o entre declaraciones e interrogaciones, etc. Asimismo, cabe consignar que distintos estados emocionales dan lugar a variaciones en la entonación y en la intensidad con que se pronuncian los segmentos fónicos. Por último, reseñar que una diferencia importante entre entonación y acento es el tipo de unidades a las que afectan. Así, mientras que el acento es una propiedad de la sílaba, la entonación suele incorporar unidades mayores a ella.

Todas estas variables que acabamos de comentar son genéricas y no distinguen entre comunicación estética y otros tipos. Por esta razón hemos recogido en la segunda columna del cuadro 4, la de la *métrica*, otra serie de variables que son especialmente importantes en el análisis de los discursos más elaborados o artísticos. Como enfatiza Lapesa, las «artes del tiempo someten el ritmo natural a una elaboración más rigurosa» (57). Y, por

---

[7]Todos estos datos están recogidos en el artículo de Antonio Quilis y colegas (55–56, 60, 64).

[8]Consultar el glosario al final del libro y, también, el artículo "Acento prosódico" recogido en la bibliografía.

[9]En la lengua hablada, el grupo de entonación no coincide necesariamente con el grupo fónico. Así, la media del número de sílabas en todos los estilos del habla es de 9,5 sílabas, mientras que la media de los grupos de entonación es 5 sílabas (Quilis *et al.* 64). No obstante, a efectos de los análisis que presentamos en este libro –por la mayor parte, textos escritos–, consideraremos el grupo fónico como la principal unidad de entonación (seguimos a Lapesa 58).

[10]Consultar el artículo "Pie (métrica)" recogido en la bibliografía.

PALABRAS

Ritmo	Métrica

• *Grupo fónico*
• *Melodía*
• *Acento*
	• *Verso*
	  ◆ Paralelismo
	  ◆ Acentuación
	  ◆ Versificación silábica
	• *Rima*
	  ◆ Asonante
	  ◆ Consonante
	• *Estrofa*

Cuadro 4

Variables básicas para el análisis de la expresión hablada y escrita

cierto, debemos entender el significado de 'arte' en su sentido más venerable; es decir, como una serie de reglas y preceptos cuya práctica les permite a las personas desarrollar la habilidad de hacer algo bien. De ahí que la métrica sea, como informa el *DRAE*, el «arte que trata de la medida o estructura de los versos, de sus clases y de las distintas combinaciones que con ellos pueden formarse»; y los buenos escritores y poetas, añado yo, aquellas personas que han logrado dominar, entre otros, el arte de la métrica para producir discursos competentes.

También hay que mencionar que, aunque normalmente todo lo relativo a la métrica se asocia con la poesía, la elaboración de la prosa estética también está sujeta a medida y orden. Lo vamos a ver echando mano de un texto bastante corto en prosa del escritor español Baltasar Gracián, uno de los mejores escritores del barroco español. Empecemos leyendo el texto:

Naturaleza y arte: Materia y obra

No hay belleza sin ayuda, ni perfección que no dé en bárbara sin el realce del artificio; a lo malo socorre y lo bueno lo perfecciona. Déjanos comúnmente a lo mejor la naturaleza, acojámonos al arte. El mejor natural es inculto sin ella, y les falta la mitad a las perfecciones si les falta la cultura. Todo hombre sabe a tosco sin artificio, y ha menester pulirse en todo orden de perfección.[11]

Primer punto a considerar en nuestro análisis es que la escritura ha desarrollado una serie de convenciones para especificar la longitud de los grupos fónicos, o sea, para segmentar el discurso en unidades discretas –lo que en poesía recibe el nombre de *verso*–. Me estoy refiriendo a las reglas de puntuación y convenciones tipográficas varias que facilitan la lectura de los textos. Así, la puntuación segmenta el discurso de Gracián de la siguiente manera:

Naturaleza y arte: (7)	1
Materia y obra. (5)	2
No hay belleza sin ayuda, (8)	3
ni perfección que no dé en bárbara sin el realce del artificio; (20)	4
a lo malo socorre y lo bueno lo perfecciona. (15)	5
Déjanos comúnmente a lo mejor la naturaleza, (16)	6
acojámonos al arte. (8)	7
El mejor natural es inculto sin ella, (13)	8
y les falta la mitad de las perfecciones si les falta la cultura. (21)	9
Todo hombre sabe a tosco sin artificio, (12)	10
y ha menester pulirse en todo orden de perfección. (15)	11

---

[11]Este texto desarrolla uno de los aforismos recogidos por Gracián en su *Oráculo manual y arte de prudencia* (*Obras de Lorenzo Gracián* 563).

No cabe duda que aún se puede segmentar más alguna de las cadenas que hemos derivado de la puntuación. Si observamos el número de sílabas métricas entre paréntesis, algunos de los grupos son demasiado largos como para poder pronunciarse con naturalidad. Además, consideraciones de orden sintáctico permiten que, por ejemplo, la línea 4 se divida en dos:

- Ni perfección que no dé en bárbara — sin el realce del artificio

Procedimiento similar se podría aplicar a la línea 9 (y les falta… / si les falta…). Ello nos avisa de que en el discurso prosístico la regulación no se suele basar en la regularidad de la medida silábica de los grupos fónicos, sino en otro tipo de estrategias. En concreto, lo que encontramos en el texto es el recurso al *paralelismo*, es decir, a la búsqueda de un orden simétrico mediante recursos tanto sintácticos como semánticos. Por ejemplo, todos los contenidos se pueden clasificar bajo las dos palabras que dan título al texto:

Naturaleza	*Arte*
Materia	Obra
(No hay) belleza	(sin) ayuda
(Ni) perfección	(sin) artificio
(A lo) malo	Socorre
(A lo) bueno	Perfecciona
Naturaleza	Arte
(El mejor) natural	(es) inculto
(Falta) perfección	(si falta) cultura
Hombre tosco	(sin) artificio
	pulirse = perfección

En cuanto a las simetrías sintácticas, se ven favorecidas por el uso de la conjunción 'y' que establece una distribución del tipo *lo que está a la izquierda* y *lo que está a la derecha* de la conjunción:

naturaleza	y	arte
materia	y	obra
a lo malo socorre	y	lo bueno perfecciona
el mejor natural es inculto	y	les falta la mitad…
todo hombre sabe a tosco	y	ha menester pulirse

Cuando esta técnica se repite se crea una cadencia que facilita contaminaciones y oposiciones semánticas similares, como veremos, a las que produce la rima. Efectos análogos se producen con el uso de 'no', 'ni', 'sin' y la colocación posterior del pronombre 'nos' en dos oraciones consecutivas.

En definitiva, la prosa también puede estar sujeta a técnicas de versificación, aunque no es habitual la regularidad silábica, que sí es una característica de buena parte de la producción poética en castellano. En la siguiente copla de Rodrigo Cota, por ejemplo, podemos encontrar una combinación de la técnica del paralelismo bimembre a la manera del texto de Gracián combinada con otros procedimientos de versificación tradicionales en poesía, a saber, la regularidad métrica, el patrón de acentuación y la rima:

El amor[12]

Vista ciega, luz oscura, (8)	1
gloria triste, vida muerta, (8)	2
ventura de desventura, (8)	3
lloro alegre, risa incierta, (8)	4
hiel sabrosa, dulce agrura, (8)	5

---

[12]Poema recogido en el *Cancionero y romancero de coplas y canciones de arte menor* de Agustín Durán (9).

paz con ira y saña presta (8)   6
es amor con vestidura (8)   7
de gloria que pena cuesta. (8)   8

El paralelismo y simetría creados por las comas en el interior de la cadena se rompe en los dos últimos versos para especificar que se está definiendo el amor. También se crea simetría con la repetición de la estructura *sustantivo-adjetivo* (vista ciega, luz oscura, gloria triste, etc.) y, por supuesto, con el uso sistemático de la paradoja, sobre la que habrá algo que decir en el próximo capítulo.

Pero lo que es más específico de la poesía es, en primer lugar, el uso de la regularidad métrica: Todos los grupos fónicos o *versos* tienen ocho sílabas. Conviene señalar, en relación a este asunto, que cuando hablamos de sílabas no nos estamos refiriendo a las *sílabas gramaticales*, sino a las *sílabas fonéticas* que suelen pronunciar los hablantes. Lo que se quiere decir con esto es que las sílabas gramaticales no tienen por qué coincidir con las sílabas fonéticas. Por ejemplo, en el verso 1 si hay coincidencia:

- Vis - ta - cie - ga - luz - os - cu - ra ➜ 8 sílabas gramaticales y 8 sílabas métricas

Sin embargo, en el verso 4 esta identidad se rompe:

- Llo - ro - a - le - gre - ri - sa - in - cier - ta ➜ 10 sílabas gramaticales

Lo que en realidad ocurre en el habla normal es que cuando una palabra termina en vocal y la que le sigue empieza por vocal, ambas vocales se unen para formar una sílaba. A este hecho se le denomina *sinalefa*. El resultado es el siguiente:

- Llo - roa - le - gre - ri - sain - cier - ta ➜ 8 sílabas fonéticas

El procedimiento a seguir, por tanto, en el análisis métrico es, en primer lugar, establecer las sílabas gramaticales.[13] En segundo lugar, observamos la presencia o no de sinalefas. Si las hubiera, se resuelven. Así concluimos el procedimiento estándar para transformar las sílabas gramaticales en sílabas fonéticas. Pero aún nos falta un tercer paso, el convertir las sílabas fonéticas en *sílabas métricas*.

La única excepción a lo que acabamos de apuntar es, como comenta Lapesa, que «después del último acento del verso se cuenta siempre una sílaba más, y solo una» (73). El último acento del verso es, obviamente, el que corresponde a la sílaba en que se encuentra el acento prosódico. Y como se puede ver si echamos un vistazo rápido a la última palabra de los versos del poema, todas estas palabras son llanas, por lo que no se produce la excepción comentada. Con otras palabras, siempre hay una sílaba más después de la sílaba tónica, que es la sílaba que hemos puesto en negrita:

- Os**cu**-ra, **muer**-ta, desven**tu**-ra, in**cier**-ta, a**gru**-ra, **pres**-ta, vesti**du**-ra y **cues**-ta.

De este modo, cuando la última palabra del verso es llana, el número de sílabas fonéticas coincide con el número de sílabas métricas. La situación es muy distinta en aquellos versos cuya última palabra es bien aguda o bien esdrújula. Veamos un ejemplo del primer caso en este poema anónimo:

Seguidilla[14]
La reina doña Isabel (8)   1
puso sus tiros en Baza, (8)   2
y yo los he puesto en ti, (8)   3
porque me haces mucha gracia. (8)   4

---

[13]Consultar en el glosario del final del libro la información relativa a las combinaciones de vocales.
[14]Poema recogido en el *Cancionero popular* de Emilio Lafuente (X).

Si revisamos las sílabas gramaticales en el verso 1, el resultado es el siguiente:

- La - rei - na - do - ña - I - sa - bel ➜ 8 sílabas gramaticales

Si resolvemos la sinalefa, perdemos una sílaba:

- La - rei - na - do - **ñaI** - sa - bel ➜ 7 sílabas fonéticas

Pero si reparamos en que la última palabra del verso –Isa**bel**– es aguda, nos encontramos con la excepción a la que me refería más arriba: Después de la sílaba tónica siempre tiene que haber una sílaba más. Por tanto, hay que añadir una sílaba a nuestro cómputo anterior para obtener las sílabas métricas:

- La - rei - na - do - ñaI - sa - **bel** ➜ 7 + 1 = 8 sílabas métricas

Los versos 2 y 4 del poema no presentan la situación del verso 1 porque la última palabra de esos versos es aguda –**Ba**za y **gra**cia–, y en estos casos el número de sílabas fonéticas coincide con el número de sílabas métricas. En el verso 3, sin embargo, encontramos nuevamente una palabra aguda al final del verso:

- Y - yo - los - he - pues - toen - **ti** ➜ 7 + 1 = 8 sílabas métricas

Hay otro caso, claro, en que las sílabas fonéticas no coinciden con las métricas, la de aquellos versos cuya última palabra es esdrújula. Pongamos un poema tal como este:

Improvisación
Susto mayúsculo: (5)
El brujo esdrújulo (5)
no tiene músculos. (5)

En los tres versos encontramos la misma disposición, un final con palabra esdrújula. Al haber dos sílabas más después de la sílaba tónica incurrimos en la excepción que estamos explorando: ma**yús**culo, es**drú**julo y **mús**culos.

- Sus - to - ma - **yús** - cu - lo ➜ 6 sílabas
- El - bru - joes - **drú** - ju - lo ➜ 6 sílabas
- No - tie - ne - **mús** - cu - los ➜ 6 sílabas

Si en el caso de los versos agudos tenemos que añadir una sílaba, en el de los versos esdrújulos tenemos que restarla:

- Sus - to - ma - **yús** - cu - lo ➜ 6 - 1 = 5 sílabas métricas
- El - bru - joes - **drú** - ju - lo ➜ 6 - 1 = 5 sílabas métricas
- No - tie - ne - **mús** - cu - los ➜ 6 - 1 = 5 sílabas métricas

Pero no olvidemos que las palabras más frecuentes en español son las palabras llanas, y que, por lo tanto, lo más normal es que la mayoría de los versos también lo sean. Por ese mismo motivo, también tiene sentido que la acentuación tendencial de las palabras en castellano sea la llana. Quiero decir que es normal que, verbigracia, cuando un nativo de la lengua se encuentra con una palabra escrita que no ha oído nunca tienda a pronunciarla como si fuera una palabra llana. Y esta propensión es trasfondo importante de las excepciones vistas –versos agudos y esdrújulos– que impiden transformar automáticamente las sílabas fonéticas en sílabas métricas.

El segundo asunto que es bien específico de la versificación poética castellana es, como se apuntó previamente, la distribución del acento en el verso. Volvamos al poema inicial de Cota, pero ahora poniendo en negrita las sílabas tónicas para distinguirlas de las átonas:

El amor
Vista **cie**ga, **luz** os**cu**ra,   1
gloria **tris**te, **vi**da **muer**ta,   2
ven**tu**ra de desven**tu**ra,   3
lloro a**le**gre, **ri**sa in**cier**ta,   4
hiel sa**bro**sa, **dul**ce a**gru**ra,   5
paz con **i**ra y **sa**ña **pres**ta   6
es a**mor** con vesti**du**ra   7
de **glo**ria que **pe**na **cues**ta.   8

Si ordenamos la colocación de las sílabas con mayor intensidad, obtenemos el siguiente resultado:

1 - 3 - 5 - 7
1 - 3 - 5 - 7
2 - 7
1 - 3 - 5 - 7
1 - 3 - 5 - 7
1 - 3 - 5 - 7
1 - 3 - 7
2 - 5 - 7

Se repite el mismo patrón en los versos 1, 2, 4, 5 y 6. Se crea, así, una cadencia rítmica que refuerza los paradójicos contenidos semánticos de las combinaciones *sustantivo-adjetivo* que contienen la sustancia de la definición de amor propuesta. El otro detalle de interés es la ruptura del patrón general en los versos 3, 7 y 8. Por lo común, las rupturas de patrones rítmicos tienen por objetivo descalabrar la rutina del proceso de lectura o recitado para llamar la atención sobre sus propios campos semánticos.

El tercer aspecto importante al que debemos prestar atención es el de la rima. Esta palabra deriva del latín *rhythmus,* por lo que tiene la misma etimología que la palabra 'ritmo'. Sin embargo, su uso se especializó para denotar la identidad de sonidos o fonemas en dos o más versos desde la última vocal tónica hasta el final de los versos. Veamos el siguiente ejemplo:

Seguidilla (*Anónimo*)[15]
Caballero generoso, (8)   1
denos usté una peseta, (8)   2
que tenemos la barriga (8)   3
como cañón de escopeta. (8)   4

Nuestro primer objetivo debe ser localizar la última vocal tónica de los cuatro versos que componen el poema. Lo cual equivale a determinar cuál es la vocal tónica en la última palabra de cada verso. Aunque no sepamos la pronunciación exacta, gracias a las reglas de acentuación sabemos que tanto gene**ro**so como pe**se**ta, ba**rri**ga y esco**pe**ta son palabras llanas, pues las cuatro terminan en vocal que no lleva acento gráfico. Marco a continuación la vocal tónica:

• Gene**ro**so
• Pe**se**ta

---
[15]Poema recogido en el *Cancionero popular* de Emilio Lafuente (LVIII).

- Barriga
- Escopeta

Como indica la definición de rima, lo que nos interesa es investigar si hay identidad de sonidos desde la vocal tónica marcada hasta el final del verso, y ello debe ocurrir en dos o más versos. He aquí los sonidos finales:

- ...OSO
- **...ETA**
- ...IGA
- **...ETA**

Y, efectivamente, lo que encontramos es que el verso 2 rima con el verso 4, mientras que los versos 1 y 3 no riman entre sí ni con ninguno de los otros dos. Y, ¿cómo debemos describir estos resultados? Pues de la siguiente manera:

- Los versos impares (no tienen rima), son versos *blancos*
- Los versos pares riman entre sí, y el tipo de rima que presentan se llama *rima consonante* pues se repiten todos los sonidos desde la última vocal tónica hasta el final, es decir, se repiten tanto los sonidos de las vocales (e, a) como los sonidos de las consonantes (t).

Veamos otro ejemplo, la definición de amor de Rodrigo Cota. Si procedemos de la misma manera, es decir, localizando la vocal tónica en la última palabra de cada verso, encontramos los siguientes sonidos:

- ...URA
- ...ERTA
- ...URA
- ...ERTA
- ...URA
- ...ESTA
- ...URA
- ...ESTA

Podemos observar que los versos impares (1, 3, 5 y 7) riman entre sí repitiendo el sonido URA, mientras que el verso 2 y el 4 riman con el sonido ERTA y los versos 6 y 8 también, pero esta vez con el sonido ESTA. Dado que en poemas largos el análisis de la rima puede ser bastante lioso, ¿cómo se pueden notar las rimas en forma económica? Pues mediante un *esquema*. Para elaborar el esquema de un poema se siguen unas reglas muy sencillas:

a. El primer sonido rimado de un poema se representa con la primera letra del abecedario, o sea, la letra *a*.
b. El segundo sonido rimado de un poema se representa con la segunda letra del abecedario, o sea, la letra *b*. Y así sucesivamente
c. Cuando el verso rimado tiene más de 9 sílabas, la rima se representa con una letra mayúscula. En los otros casos con las letras minúsculas
d. Los versos blancos se representan con el símbolo del conjunto vacío, ø

Si volvemos ahora al poema de cota, podríamos esquematizar la rima de la siguiente manera:

- a b a b a c a c

Utilizamos las letras minúsculas porque todos los versos tienen 8 sílabas. De hecho, a este tipo de verso, es decir, que tiene 8 o menos de 8 sílabas se le denomina verso de *arte menor* y a los poemas compuestos por este tipo de verso se les denomina *poemas de arte menor*. Correspondientemente, si tienen 9 o más de 9 sílabas, hablamos de versos y poemas de *arte mayor*. En cuanto a las letras, la *a* significa el primer sonido rimado, que es el que se repite en todos los versos impares; la *b* significa el segundo sonido rimado que se repite en los versos 2 y 4; y, finalmente, la *c* significa el tercer sonido rimado que se repite en los versos 6 y 8. Por último, todas las rimas son consonantes.

Un ejemplo de poema con versos de arte mayor es el soneto de Garcilaso de la Vega que comentamos al comienzo de este capítulo. Su título era, recordemos, *Soneto*, que es simplemente una etiqueta genérica que hace referencia a la forma del poema. Pues bien, lo normal es que este tipo de poema tenga versos de 11 sílabas, por otro nombre *endecasílabos*.[16] Y así es en este soneto de Garcilaso: 14 versos de 11 sílabas. Si localizamos las rimas encontramos los siguientes sonidos: ENA, ESTO, ESTO, ENA, ENA, ESTO, ESTO, ENA, ERA, ADO, UMBRE, ADO, ERA, UMBRE. De donde derivamos el siguiente esquema:

- ABBA ABBA CDE DCE

El esquema es, en definitiva, una forma breve de describir ciertos rasgos de la versificación que nos ahorra complicaciones en poemas largos como el siguiente:

Irme quiero (*Anónimo*)[17]

Irme quiero la mi madre	8	ø	1
irme quiero y me iré	8	a	2
y las hierbas de los campos	8	ø	3
por pan me las comeré,	8	a	4
lágrimas de los mis ojos	8	ø	5
por agua las beberé.	8	a	6
En medio de aquellos campos	8	ø	7
una choza fraguaré,	8	a	8
por afuera cal y canto,	8	ø	9
por adentro la entiznaré,	8	a	10
con las uñas de mis dedos	8	ø	11
los campos los cavaré,	8	a	12
con sangre de las mis venas	8	ø	13
el barro lo amasaré,	8	a	14
con suspiros de mi alma	8	ø	15
el barro lo enjuagaré.	8	a	16
Todo hombre que es caminante	8	ø	17
adentro me lo entraré	8	a	18
que me cuente de sus males,	8	ø	19
de los míos le contaré,	8	a	20
si los suyos son más muchos,	8	ø	21
a paciencia me los tomaré,	8	a	22
si los míos son más muchos	8	ø	23
con mis manos me mataré.	8	a	24

Este poema, que pertenece al tipo de los romances, presenta por la mayor parte una versificación bastante regular, es decir, la mayor parte de los versos tiene 8 sílabas métricas. No obstante, hay algunas excepciones como los versos 15, 20, 22 y 24, pero se trata de excepciones que se pueden resolver con las *licencias poéticas* que se explican en el glosario al final del libro. Más llamativa es, sin embargo, el tipo de rima que encontramos, pues difiere de la que hemos comentado hasta ahora. En este casó, los versos pares riman entre sí, pues todos repiten los sonidos desde la vocal tónica hasta el final. Sin embargo, al tratarse de versos agudos terminados en vocal,

---

[16]En el glosario se incluye una lista de los nombres de los versos en función del número de sílabas métricas que presentan.

[17]Poema recogido en el *Romancero judeo-español* de Rodolfo Gil (XVIII).

lo único que se repite es la vocal tónica. Pues bien, las rimas en que sólo se repite el sonido vocálico decimos que son *rimas asonantes*. En cuanto a los versos impares, algunos de ellos riman asonante y consonantemente, pero al no tratarse de repeticiones sistemáticos hemos decidido considerarlos como versos blancos (ø). El resultado es que un poema largo como este se puede esquematizar simplemente con dos símbolos: øa.

Para terminar con esta breve explicación de la rima, daré otro ejemplo de rima asonante en que no intervienen versos agudos, sino llanos. Veamos:

Seguidilla (*Anónimo*)[18]

Del polvo de la tierra	7 ø	1
saco yo coplas;	5 a	2
no bien se acaba una,	7 ø	3
ya tengo otra.	5 a	4

Al igual que en el poema anterior –el romance *Irme quiero*–, al tratarse de un poema de la tradición oral necesitamos echar manos de licencias poéticas para regularizar los versos 3 y 4. En este caso, los hemos alargado una sílaba mediante sendos *hiatos* –licencia poética recogida en el glosario–. En cuanto a la rima, observemos los sonidos:

- …ERRA
- …OPLAS
- …UNA
- …OTRA

Los versos impares no riman ni en asonante ni en consonante. Sin embargo los versos pares repiten las vocales –OA– al tiempo que cambian las consonantes –PLS *versus* TR–. Otro ejemplar, por tanto, de rima asonante. Podemos también señalar un fenómeno que no habíamos observado previamente, a saber, que las medidas de los versos no es constante aunque parece seguir un patrón: Versos impares de 7 sílabas y versos pares de 5 sílabas. A este tipo de agrupaciones se les llama *imparisílabas*. Pero para percibir mejor este tipo de fenómenos debemos pasar a otra variable central en el análisis métrico, la *estrofa*.

Los versos de una composición poética se pueden reunir de variar maneras. Por ejemplo, el romance *Irme quiero* que vimos un poco más arriba, es básicamente una *serie* continuada de versos impares sin rima con versos pares rimados. Este tipo de poema se conoce con el nombre de *romance,* y lo que diferencia un romance de otro es simplemente el número de versos, que no es fijo, y la rima asonante específica que desarrollan. Con otras palabras, el romance presenta siempre una estructura homogénea –øa– que se materializa en un número indeterminado de versos.

Pero hay otros poemas, como el resto de los que hemos visto hasta ahora, que despliegan patrones determinados de rima y longitud silábica. Dentro de este tipo, encontramos poemas que contienen un único patrón o que repiten uno o más patrones. Los sonetos son ejemplo de esto último, pues repiten dos patrones. Veamos otra muestra más del excelente Garcilaso:

Soneto[19]

Escrito está en mi alma vuestro gesto	11	A	1
y cuanto yo escribir de vos deseo:	11	B	2
Vos sola lo escribisteis, yo lo leo	11	B	3
tan solo, que aun de vos me guardo en esto.	11	A	4
En esto estoy y estaré siempre puesto,	11	A	5
que aunque no cabe en mí cuanto en vos veo,	11	B	6
de tanto bien, lo que no entiendo creo,	11	B	7

---

[18]Poema recogido en el *Cancionero popular* de Emilio Lafuente (2).

[19] Recogido en la edición de Juan Boscán (CLXIVv).

tomando ya la fe por presupuesto.	11	A	8
Yo no nací sino para quereros;	11	C	9
mi alma os ha cortado a su medida;	11	D	10
por hábito del alma misma os quiero.	11	E	11
Cuanto tengo confieso yo deberos:	11	C	12
Por vos nací, por vos tengo la vida,	11	D	13
por vos he de morir, y por vos muero.	11	E	14

Después de regularizar el número de sílabas con alguna licencia poética, obtenemos un poema de versos iguales o *parasílabo*. Los versos son graves y la rima es consonante. La repetición de los sonidos sigue un esquema que nos indica que hay dos agrupaciones con la misma rima ABBA y otras dos agrupaciones que siguen la rima CDE. Nos encontramos, pues, con dos patrones que se repiten, y ello suele indicar la presencia de dos estrofas distintas, cada una de ellas repetida una vez. De hecho, si miramos la lista de estrofas del glosario, descubriremos que el soneto se compone de dos estrofas de cuatro versos que se llaman *cuartetos* y dos estrofas de tres versos que se llaman *tercetos*. De ahí que los sonetos se presenten gráficamente separando con un espacio extra unas estrofas de otras:

Soneto (*Garcilaso*)

Escrito está en mi alma vuestro gesto	11	A	1
y cuanto yo escribir de vos deseo:	11	B	2
Vos sola lo escribisteis, yo lo leo	11	B	3
tan solo, que aun de vos me guardo en esto.	11	A	4
En esto estoy y estaré siempre puesto,	11	A	5
que aunque no cabe en mí cuanto en vos veo,	11	B	6
de tanto bien, lo que no entiendo creo,	11	B	7
tomando ya la fe por presupuesto.	11	A	8
Yo no nací sino para quereros;	11	C	9
mi alma os ha cortado a su medida;	11	D	10
por hábito del alma misma os quiero.	11	E	11
Cuanto tengo confieso yo deberos:	11	C	12
Por vos nací, por vos tengo la vida,	11	D	13
por vos he de morir, y por vos muero.	11	E	14

Otro detalle de interés es que el paso de una estrofa a otra se marca con un punto para indicar que cada estrofa contiene una oración simple o compuesta. Dicho de otra manera, y generalizando, las estrofas tienden a presentar unidad de sentido. Pero fijémonos que también cabe preguntarse si lo mismo sucede con cada uno de los versos de la estrofa. Nuevamente, la práctica habitual nos indica que sí; es decir, que cada verso suele ofrecer un significado acabado, sea porque contiene la totalidad de una oración o de una frase. Un corolario de esta norma es que cuando se incumple lo más probable es que se trate de un efecto buscado por el autor. Así ocurre en las líneas 4 y 5: «Vos sola lo escribisteis, yo lo leo tan solo, que aun de vos me guardo en esto». Este segmento contiene tres oraciones como se puede observar registrando el número de verbos conjugados: (Vos) escribisteis, (yo) leo, (yo) guardo. Lo peculiar es que una de las oraciones –«yo lo leo tan solo»– se debe leer con una pausa intermedia –la del final del verso–. Esta pausa produce inevitablemente una interrupción del flujo semántico –«yo lo leo… tan solo»– con el resultado de un mayor énfasis en la parte final de la oración, que es un adverbio –"tan solo"– destinado a completar el significado del verbo 'leer'. Este procedimiento recibe el nombre de *encabalgamiento*, y en este poema cumple el importante papel de enunciar un postulado muy divulgado de la cosmovisión neoplatónica que circula en las cortes italianas durante el renacimiento: La influencia divina se canaliza a través de la amada, cuya mera presencia física impacta de forma tal el alma del poeta que la sola introspección produce conocimiento de lo trascendente. El poeta es el filósofo de la belleza y la bondad, y el poema es su discurso.

Figura 11
The Yellow Kid (Richard F. Outcault, 1896)

Notemos, además, que la rima crea contaminaciones u oposiciones de sentido entre las palabras rimadas. Estos efectos no sólo funcionan en el interior de una estrofa dada, sino que pueden implicar a dos o más estrofas. Por ejemplo, el primer verso del primer terceto rima con el primero del segundo, y el mismo patrón se repite en los otros dos versos. En este caso los contactos se establecen de la siguiente manera:

- Quereros ➔ deberos
- Medida ➔ vida
- Quiero ➔ muero

En estos emparejamientos observamos no tanto la búsqueda de una contraposición cuanto la inclusión de un campo semántico dentro de otro para producir o renovar determinadas connotaciones. De hecho, detrás de estas contaminaciones hay todo un modelo de amor que es muy específico de la época en que se escribió el poema:

- El amor se entiende como un deber, es decir, va asociado a un código moral, en que el placer aunque se ansía, es siempre elusivo.
- La vida es control y medida.
- La imposibilidad de satisfacer el deseo y de expresar espontáneamente las emociones produce tristeza y melancolía. Así se remacha de forma contundente en la última palabra del soneto: Muero. Amar es morir.

Espero que se haya entrevisto la importancia de analizar las relaciones semánticas que las estrofas son capaces de fomentar al ordenar las palabras en base a su significado, acentuación y musicalidad. Sólo una lectura atenta, palabra a palabra y línea a línea será capaz de percibir con rigor la variedad de soluciones que se han ido ideando a lo largo del tiempo. Como muchas otras actividades de la vida, también la lectura está sujeta a arte, y como todo arte se perfecciona con la atención y la práctica.

3.2   Imágenes

Dice la sentencia que una imagen vale más que mil palabras. Y no cabe duda que así es siempre y cuando especifiquemos qué es lo que comunica la imagen y qué es lo que quieren decir esas mil palabras. Para empezar, ya explicamos al comienzo de este capítulo que imágenes y palabras son signos de naturaleza bien distinta. Mientras que las primeras representan por semejanza, las segundas lo hacen por convención. Consecuentemente, las imágenes son signos muy útiles para transmitir eficazmente la apariencia visible de las cosas. Pero, ¿qué ocurre con otro tipo de fenómenos?, ¿qué decir, por ejemplo, de la conciencia? ¿Se puede representar la conciencia icónicamente? Si vemos una imagen de la activación de las áreas del cerebro implicadas en ese estado mental elusivo, no tendremos mucha información sobre lo que la persona en cuestión está ponderando. Y así ocurre aunque el estado de conciencia sea de una percepción puramente visual. Además, si el sujeto quiere pensar que tiene conciencia de la cosa que está mirando —es decir, eso que llamamos autoconciencia—, el vehículo expresivo utilizado es el discurso interior, ese diálogo interno que todos mantenemos con nosotros mismos. Se explica, pues, que la comunicación de lo que pasa por la conciencia —la corriente de conciencia— sea una especialidad del lenguaje hablado o escrito.

Una solución a esta disyuntiva entre imagen y palabra es reunir lo mejor de ambos mundos y combinar los signos icónicos con los convencionales para producir mensajes altamente eficientes. Y esto es justamente lo que hacen medios expresivos como las películas, la publicidad gráfica, los emblemas, las viñetas, las tiras cómicas, las novelas gráficas, las historietas, los webcomics,[20] las telenovelas, las fotonovelas, etc. De ahí que parte importante de nuestro objetivo en esta sección sea la de suministrar una serie de vocabularios acomodados a la naturaleza de estos vehículos semióticos, para lo cual hemos desarrollado dos conjuntos de variables, uno centrado en las imágenes estáticas yuxtapuestas y otro en las imágenes móviles. Pero antes de discutirlos, estimamos oportuno dedicar cierta atención al análisis de la imagen considerada en su concreción y singularidad, de forma que también seamos capaces de describir propuestas estéticas como la pintura y la fotografía, que en última instancia son la base sobre la que descansa, por la mayor parte, la expresión visual icónica.

Al analizar imágenes, lo primario es plantearse una descripción elemental de su contenido. De suerte que propongo comenzar con una evaluación de las dos dimensiones siguientes: *Iconicidad* y *expresividad*. Con respecto a la primera, las imágenes varían a lo largo de una escala que oscila entre el realismo más fotográfico y el esquematismo más abstracto. En cuanto a la expresividad de la imagen, debemos fijarnos en los valores emocionales denotados y connotados. A este respecto, tanto cuenta el contenido de la representación como las formas, los colores y la iluminación utilizados. Veamos.

---

[20]Echar un vistazo al artículo "Webcomic" recogido en la bibliografía.

Foto 1

La madre (Dorothea Lange, 1936)

Viñeta 1

The Yellow Kid (Richard F. Outcault 05-05-1895)

Si comparamos la foto 1 con la viñeta 1, será fácil determinar que la foto tiene un mayor índice de iconicidad que la viñeta, cuya representación es más esquemática, como suele ser habitual en las tiras cómicas.[21] No tiene vuelta de hoja, la fotografía busca *captar* analógica o digitalmente apariencias visuales preexistentes en toda su singularidad, mientras que el arte pictórico tiende a *desplegar* repertorios visuales estereotipados a partir de puntos, líneas, manchas, difuminados, borraduras, colores, espacios en blanco, etc.

En cuanto a la expresividad, nada está predeterminado. Mas en esta ocasión los ejemplos elegidos dicen todo lo que tienen que decir emocionalmente en forma muy directa gracias al contenido de las escenas que se ofrecen a nuestra contemplación. En ambas imágenes hay una madre, niños pequeños e indicios de pobreza. Pero el estatismo de la foto contrasta con el dinamismo de la viñeta, al igual que contrasta la expansividad de esta última con la angostura de la primera. Nada hay parecido en la viñeta a la cara de preocupación de la madre fotografiada. ¿Y qué decir del desaliento de esos dos niños que buscan protección apoyándose en la espalda y hombros de su madre? ¿Por qué nos dan la espalda? ¿Por timidez o por vergüenza? Nada indica que estén contemplando una escena más allá del cerrado grupo que forman todos ellos. Más bien parece que tratan de evitar nuestra mirada. Y esta situación difiere grandemente de la indiferencia de la niña que en la viñeta nos da la espalda como si no existiéramos al tiempo que reposa su brazo amigablemente en el cuello de su perro.

A todo esto, no debemos colegir de nuestro comentario que los artistas plásticos sean incapaces de expresar la tristeza de manera intensa y profunda. De hecho, el dibujante podría haber decidido utilizar mayor realismo o acercar más la cara de los personajes al espectador para que este pudiera empatizar con las emociones reflejadas en los rostros. Pero no lo hizo porque ese no era su objetivo, que me parece fue el de dar una imagen optimista de la pobreza a través de la vitalidad de un grupo de niños y jóvenes. Los medios y el diseño elegidos, el arte y la técnica empleados, se deben de adaptar al asunto que el artesano o artista tenga entre manos. Y para facilitar una mejor comprensión de todo esto, hemos agrupado en el cuadro 5 aquellas variables que nos van a permitir la elaboración de una descripción suficientemente completa del signo icónico visual.

Como se puede observar, he clasificado el vocabulario según su relevancia a la hora de construir el espacio y el tiempo representados en la imagen. Puede ser útil para entender este proceder recordar la vieja metáfora de la pintura como una ventana acristalada que se abre al mundo. Los que observamos ese mundo desde la habitación estamos colocados en un lugar fijo del que no podemos movernos. El tiempo de observación es un brevísimo momento, de forma que los componentes de aquello que vemos no varían la posición relativa que mantienen entre sí, ni la que mantienen con respecto al marco de la ventana o nosotros. Se podrá comprender que en una situación así, cuando hablamos del tiempo, lo hacemos del tiempo potencial que está inscrito en los objetos y en las acciones que se nos muestran en tal instante. Más adelante, cuando examinemos el arte basado en imágenes yuxtapuestas o móviles, estudiaremos los procedimientos que estas prácticas estéticas han perfeccionado para ordenar el tiempo. Aquí nos interesa solo la imagen aislada y considerada en sí misma.

---

[21]La foto 1 tomada de la *Library of Congress* (Farm Security Administration).

IMÁGENES

Espacio	Tiempo
• *Encuadre* • *Campo* • *Perspectiva* • *Plano* • *Ángulo* • *Iluminación* • *Tono y color* • *Textura*	• *Instante* • *Duración* • *Ritmo*

Cuadro 5
Variables básicas para el análisis de la imagen

Foto 2
Fuera de Campo (Oscar Pereira-Zazo, 2014)

Espacio. El *encuadre* es el marco de la ventana. Los hay de muchas formas y tamaños, desde una línea invisible o un puro difuminado de la imagen hasta armatostes pesados y recargados como los que aún adornan la pintura de siglos pasados. Es el borde que separa el espacio-tiempo del mirador del espacio-tiempo de la representación, y su variedad está estrechamente asociada a la pluralidad de medios de comunicación que el ingenio humano ha inventado a lo largo del tiempo. Verbigracia, *The Yellow Kid*, una de las primeras tiras cómicas de los suplementos dominicales de Estados Unidos, a veces se extendía a lo largo y ancho de toda una hoja en reñida armonía con bloques de escritura tal como se puede observar en la figura 11.

El *campo* es la porción de espacio contenida en el encuadre, de manera que lo que hemos venido llamando el *contenido* de la imagen es justamente todo eso que vemos en el campo. Pero bien entendido que, en muchas ocasiones, la imagen que analizamos incluye índices de cosas que no podemos ver porque no están presentes en el campo. De estos contenidos no visibles decimos que se encuentran *fuera de campo*. La foto 2 es un ejemplo sencillo de cuán relevante puede llegar a ser esta dimensión a la hora de analizar una imagen. El personaje de perfil está hablando y advirtiendo a alguien que no vemos. Esta imagen no es, por tanto, un retrato de ese personaje, sino la representación de un diálogo. En cuanto tal diálogo, el interlocutor fuera de campo también forma parte del mensaje que se quiere transmitir.

Los objetos, los personajes, los colores, los puntos y las líneas se distribuyen por el campo, que es básicamente una superficie de dos dimensiones. Los procedimientos y técnicas que se reúnen bajo el término de

Foto 3
Spinner (Lewis Wickes Hine, 1913)

perspectiva permiten crear la ilusión de mayor o menor tridimensionalidad o profundidad. Aunque la ilusión perspectivista ocurre espontáneamente cuando se utilizan los artilugios basados en el fenómeno de la cámara oscura, la producción artificial de la tridimensionalidad exige, cuando menos, el dominio de la *perspectiva artificial* y de la *perspectiva aérea* o *atmosférica*. La primera se desarrolla en los siglos XIV y XV hasta convertirse en una técnica geométrica con reglas precisas —los antiguos cultivaron versiones no totalmente consistentes—. El procedimiento base consiste en hacer converger todas las líneas paralelas de la imagen en un punto al que se denomina de fuga. Este, a su vez, se ha diseñado previamente según una relación geométrica precisa con el denominado *punto de vista*, que es un lugar virtual fuera de la imagen desde el que se tendría una percepción más acabada de su tridimensionalidad ilusoria. Si nos olvidamos de la bidimensionalidad de la imagen y trazamos una línea recta imaginaria para unir el punto de fuga con el punto de vista, diríamos que la imagen se encuentra justamente a mitad de camino del recorrido de esa línea. Como se puede comprender, ambos puntos se pueden manipular a discreción dando lugar a todo tipo de efectos que iremos comentando. No obstante, la idea básica es que para crear sensación de profundidad y realismo hay que deformar los objetos y el tamaño de los objetos para que se acomoden a un ámbito paradójico en el que las líneas paralelas se dirigen todas a un mismo punto. En cuanto a la perspectiva aérea, decir que deriva de una experiencia visual muy común. Según nos vamos alejando de las cosas sus contornos se desdibujan y sus superficies se difuminan. El fenómeno también se puede describir diciendo que con la distancia las cosas pierden *contraste* respecto del fondo del campo visual al tiempo que se tiñen del color que predomina en ese fondo —en los paisajes suele ser el azul, y en las salidas o puestas de sol, el rojo—.

Es recomendable, sin embargo, abstraerse del ilusionismo presente para examinar la imagen en su bidimensionalidad. Si así lo hacemos lo que veremos es una distribución de *masas de colores, masas de claros y oscuros, formas geométricas y volúmenes*. Algunos términos útiles para describir el esquema de distribución de estas masas, formas y volúmenes son *simetría, proporción, frontalidad* y *oblicuidad*. Reparemos, además, que la distribución elegida fuerza al espectador a fijar su mirada en algunas áreas del campo y no en otras.

Por ejemplo, de la foto 1 podemos decir que es bastante simétrica respecto de un eje prácticamente vertical que atraviesa el campo de arriba hacia abajo pasando por la cara y el brazo de la madre. También podemos decir que la imagen presenta gran frontalidad, lo que indica que la distribución de las masas de blancos negros y grises —los personajes, vaya— ocupan un plano que es paralelo, por volver a utilizar la metáfora inicial, al cristal de la ventana. Esta frontalidad está ligada, igualmente, al hecho de que el punto de fuga se localiza en el eje vertical central. Finalmente, la distribución de las masas es bastante proporcional, es decir, se reparte con cierta uniformidad a lo largo de la superficie fotográfica. No obstante, si nuestra mirada se dirige a la cara de la madre, esto no sólo ocurre porque se trate de una faz, sino también porque hay un predominio de las masas oscuras alrededor de la cara de la madre, que en sí misma es una de las masas de mayor claridad en el campo.

Foto 4
Glass Works Boy (Lewis Wickes Hine, 1908)

Por contra, la viñeta 1 tiene poca frontalidad, pues las masas se distribuyen según dos ejes. Uno que va desde el ángulo inferior izquierdo hacia la parte superior derecha –el eje que parecen recorrer la cabra y el perrito–, y otro vertical que atraviesa el centro de la imagen de arriba hacia abajo –en este eje se localizan nuevamente el perrito y la cabra más el personaje que atraviesa el aro–. Las paralelas de la perspectiva convergen hacia la derecha de la imagen recorriendo el primero de los ejes, por lo que podemos hablar de una distribución oblicua; o sea, de una distribución que intersecciona con el cristal de la ventana. Este tipo de distribución crea más dinamismo y permite que el mirador se sienta incluido dentro del espacio en que ocurre la escena. La proporción es también más azarosa que la de la foto 1, pero ello no impide hablar de cierta simetría que resulta de la distribución de las masas de acuerdo a los dos ejes señalados.

Las técnicas perspectivistas que crean la ilusión de profundidad permiten distribuir los elementos de la composición pictórica o fotográfica en distintos planos paralelos al cristal de la ventana. Aquellos objetos más cercanos al cristal decimos que están colocados en el primerísimo o en el primer plano, mientras que los más alejados los ubicaremos en el *fondo* del campo. Dependiendo de la *profundidad del campo* podríamos hablar de un segundo u otros planos intermedios virtualmente localizados entre el primerísimo plano y el fondo. Una foto con gran profundidad de campo es la número 3.[22] Su distribución es oblicua y poco simétrica –el punto de fuga se localiza en la ventana central que está en el fondo– y la imagen está bastante definida desde el primerísimo plano de la izquierda hasta el fondo de ventanas iluminadas a la derecha. Los retratos, por contra, suelen presentar poca profundidad de campo, pues el objetivo es resaltar las caras sobre el fondo. Así ocurre en la foto 1 y de manera más extrema en la foto 4[23] en que la iluminación elimina por completo el fondo de la imagen al convertirlo en una gran masa negra. La foto 5,[24] que es altamente simétrica, es un retrato que en lugar

---

[22]*Library of Congress* (National Child Labor Committee Collection).
[23]*Ídem.*
[24]*Ídem.*

Foto 5
Little Spinner (Lewis Wickes Hine, 1909)

Foto 6
Untitled (Carl Mydans, 1935)

de usar la técnica del contraste luminoso desenfoca el fondo de la imagen para centrar la mirada del espectador en un primer plano más enfocado.

Reparemos, también, en que la distribución perspectivista determina, como se puede observar en la foto 5, el tamaño aparente de los objetos en el campo. Las hiladoras mecánicas que rodean con amenaza a la niña en

Foto 7

Spinner (Lewis Wickes Hine, 1908)

el primer plano terminan por desvanecerse en el fondo debido a la perspectiva central. Y yendo de nuevo a la viñeta 1, la imagen de la niña que está de espaldas en un primer plano tiene la misma o mayor altura –cerca de 2 centímetros– que los personajes de mayor edad presentes en la escena. Por no decir nada de los edificios del fondo que no miden más de 3 centímetros.

El *ángulo* de la imagen es una de las características del lugar virtual en que la imagen coloca artificiosamente el punto de vista y junto con él, los ojos del espectador. Al observar la foto 1, nuestra mirada está prácticamente a la misma altura que los ojos de la madre, mientras que en la viñeta 1 nuestro lugar de observación es mucho más elevado, como si estuviéramos flotando en el aire. En la foto 2, la elevación es otra vez normal, es decir, a la altura de los ojos del personaje. Y así podríamos seguir con las otras imágenes: *Ángulo* bajo en la foto 3, ángulo un poco elevado en la foto 4, ángulo normal en la foto 5. Cuando los ángulos son muy extremos hablamos de picados –ángulo muy elevado– o contrapicados –ángulo muy bajo–. La foto 6 es un ejemplo de contrapicado.[25] El lugar virtual en el que se coloca el ojo en esta foto está muy cerca de la base del edificio y la dirección de la mirada es hacia arriba para producir un escorzo muy extremo. La distorsión de las paralelas, como se puede observar, es exagerada y el punto de fuga se localiza en la parte superior de la imagen.

Un par de variables que están muy relacionadas con la expresividad emocional son la *iluminación* y el *color*. De la iluminación nos debe interesar sobre todo la *localización de la fuente*, la *intensidad* y el *color*. Si la iluminación de la escena es muy uniforme, como ocurre en la foto 1, resulta difícil precisar dónde se encuentra la fuente. En estos casos tampoco se crea mucho contraste entre unas zonas y otras de la imagen. Fenómeno que sí es importante, como se señaló, en la foto 4.

La foto 8 es un ejemplo interesante de cómo se puede utilizar creativamente la iluminación natural.[26] El sol creciente situado a espaldas del fotógrafo proyecta sombras muy alargadas, incluyendo la del propio Hine y su cámara. Aunque la foto lleva por título –probablemente– el nombre del pequeño vendedor de periódicos, en realidad se trata también de un autorretrato. Otro ejemplo interesante de iluminación es la foto 7,[27] en que claramente podemos localizar la fuente luminosa en las ventanas de la izquierda que se pierden en su recorrido hacia el punto de fuga de la perspectiva.

---

[25] *Library of Congress* (Farm Security Administration).

[26] *Library of Congress* (National Child Labor Committee Collection).

[27] *Ídem.*

Como regla general, el blanco y el negro utilizados con fuerte contraste entre las zonas iluminadas y las zonas en sombras acarrean connotaciones emocionales asociadas con la tristeza y la melancolía. Lo opuesto se puede decir del uso de los colores vivos y la iluminación intensa, más cercanos, en principio, a las emociones de la familia de la alegría. Pero en la comunicación estética no podemos hablar de normas invariables. Siempre se puede trabajar la connotación más estereotipada desarrollando a contracorriente el campo semántico en nuevas direcciones. Un ejemplo de interés es la tradición del *film noir*, un género de películas que en su origen se asoció estrechamente con una utilización muy específica del blanco y negro. Ambientes nocturnos con gran contraste entre las luces y las sombras, pavimentos mojados reflejando la luz de las farolas, etc. Pues bien, cuando se generalizó el color a partir de la década de los 30 del siglo pasado, lo mínimo que se puede decir es que el *film noir* estaba abocado a sufrir una crisis de identidad en algún momento determinado. Y así fue. No obstante, con el tiempo se desarrollaron usos del color, sobre todo jugando con el *tono* de los colores para

Foto 8
John Howell (Lewis Wickes Hine, 1908)

hacerlos más apagados, que permitieron la continuidad del *film noir* en un mundo cinematográfico dominado por los colores chillones del *technicolor*. Y de esta forma llegamos hasta un filme, *Fargo* (Joel and Ethan Coen, 1996), que es un *film noir* ambientado en una Minnesota donde los colores predominantes son el blanco de la nieve y el rojo de la sangre.

Para terminar nuestro recorrido por las variables asociadas con la producción del espacio, señalar que al hablar de la *textura* de una imagen nos estamos refiriendo a una propiedad que la superficie pictórica o fotográfica presenta homogéneamente. Es como si manipuláramos el cristal de la ventana o interpusiéramos una mosquitera para producir una distorsión uniforme a lo largo y ancho de la imagen. Los resultados de tal manipulación pueden ser de lo más variado y difíciles de analizar en las imágenes que estamos utilizando a manera de ejemplos. En todo caso, hablamos de técnicas que son más frecuentes en la representación fotográfica –sea o no digital– que en la pictórica. Aunque en esta última la textura es una propiedad derivada de la elección del soporte sobre el que se dibuja o pinta y de los instrumentos utilizados para delinear, sombrear o aplicar los colores.

Tiempo. Se puede pensar que no hay tiempo en una imagen, pues recoge un *instante* que no tiene *duración*. Pero la realidad es más complicada y todas las imágenes están preñadas de temporalidad. De ser así, las imágenes también tienen *ritmo,* que es el arte de la ordenación de las cosas en el tiempo. Del ritmo de las imágenes deriva que podamos describirlas en términos de su *estatismo* y *dinamismo.* Las técnicas del ritmo que se despliegan en los íconos visuales son muy variadas e implican a todos los componentes de que suelen hacer gala las imágenes. El ritmo se encuentra, por tanto, en la distribución de los colores, en los difuminados, en los desenfoques, en la combinación de las formas rectilíneas con las curvilíneas, en la misma estructura de la escena representadas, en las posturas de los personajes, en sus miradas y en un largo etcétera. Nos limitaremos a dar algunos ejemplos para dar pie a la reflexión.

Un cuadro como *Las hilanderas* (*c.* 1657) del pintor Diego de Velázquez (1599–1660) muestra en el primer plano a varias mujeres hilando. Si nos fijamos en las manos de una de ellas, situada a la derecha, veremos que los contornos de los dedos de su mano izquierda son imprecisos pues han sido retratados en el acto mismo de devanar la lana. También en la parte izquierda del primer plano destaca una rueda que gira a tal velocidad que es imposible percibir los radios. Son fenómenos fáciles de observar en la cotidianeidad, pero no tan habituales en las técnicas pictóricas de la Europa anterior al barroco. Hoy en día, cualquier cámara de fotos puede

Foto 9
Manly Art of Self-Defence (Lewis Wickes Hine, 1908)

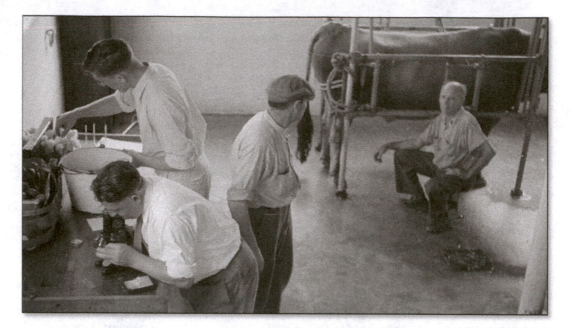

Foto 10
Untitled (Carl Mydans, 1935)

reproducir este tipo de apariencias con solo aumentar el tiempo de exposición para mostrar en forma borrosa o desenfocada un movimiento rápido. De hecho, si nos fijamos con atención en la foto 2 podremos observar que el dedo índice está más difuminado que los demás al haber estado en movimiento en el instante en que se tomó la foto.

Ahora, en otras ocasiones el interés del fotógrafo o pintor no es captar el instante de una acción sino abolirla. Esto es lo que se proponen muchos retratos, que exigen de su sujeto una *pose* para crear la apariencia de permanencia o atemporalidad. En estos casos, el artista intenta recoger o expresar algún rasgo del temperamento o personalidad del retratado que supuestamente trascienda los avatares del tiempo. En este sentido, parte del interés de la foto 8 se encuentra justamente en la presencia de dos lógicas temporales contrapuestas. Por un lado, la sombra del fotógrafo nos lo muestra en el mismo instante en que aprieta el obturador, mientras que John Howell, el niño, confronta con su mirada y su pose al fotógrafo para mostrarnos algún aspecto estable de su forma de estar en el mundo. El mismo efecto de permanencia lo encontramos en la foto 5 gracias a la frontalidad del primer plano y a la mirada de la niña que clava en la cámara sus ojos.

Respecto a la mirada considerada en sí misma, su dirección puede ser una fuente importante de información. Cuando conecta derechamente con los ojos del espectador indica algo así como «aquí estoy para que me veas y puedas saber lo que soy». En esta situación, el mirador no es sólo testigo o espía involuntario de algo que está transcurriendo, de un acontecer, sino un interlocutor implicado en una interacción. Por esta razón, el retrato de un personaje que mira directamente es, por decirlo así, como un retrato en primera persona, con un estatus similar al de los autorretratos o a los ahora de moda *selfies*. Cuando la mirada del personaje no es frontal ni directa, se producen dos efectos que conviene retener. Si, como ocurre en la foto 9,[28] las miradas se centran en algún elemento del campo, ese elemento se convierte en el protagonista de la acción representada: Algo está ocurriendo en lo que merece la pena fijarse. Si, por el contrario, las miradas siguen líneas que no interaccionan con ningún componente presente en la imagen, el espacio y los posibles acontecimientos fuera de campo cobran gran relieve. Así se puede observar en las fotos 1, 2, 4 y 7. Otro ejemplo especialmente relevante es el que presentamos en la foto 10.[29] Cuatro personajes y tres acciones distintas en un mismo espacio. La dirección de las miradas determina la interacción que mantienen entre ellos. Los dos situados a la izquierda se dedican

---

[28] *Library of Congress* (National Child Labor Committee Collection).
[29] *Library of Congress* (Farm Security Administration).

cada uno a lo suyo, como si no estuvieran interesados en lo que ocurre a su alrededor. En cambio, los dos personajes situados a la derecha crean una escenario que conviene resaltar. Si sus miradas se cruzan, ello indicaría que están enfrascados en una conversación. Si, en cambio, el personaje situado más a la derecha está mirando directamente al fotógrafo, la situación varía drásticamente porque se rompe la ilusión de una escena centrada en sí misma. Es decir, la presencia –fuera de campo– del fotógrafo ha despistado a uno de los personajes, que ya no son cuatro, sino cinco.

3.2.1 Imágenes móviles

Dada la imposibilidad de reproducir imágenes móviles en el papel impreso, nos contentaremos con presentar el vocabulario. No obstante, una mejor comprensión de las distintas variables exige el visionado en clase de fragmentos fílmicos que las ejemplifiquen. Damos, además, por supuesto un conocimiento básico de las variables introducidas en la sección anterior, aunque se podrá observar que algunas de ellas reciben un tratamiento especializado. Por último, como se apreciará ojeando el cuadro 6, he separado la información que el espectador recibe a través de la vista de aquella otra que es percibida por el oído.

No establecemos una distinción entre películas *narrativas*, es decir, películas que cuentan historias de otros mensajes audiovisuales. Sobre este particular, remito al capítulo 2 donde hablo de las modalidades básicas de la información estética. Por descontado, la mayor parte de películas, series televisivas y demás variantes de la imagen móvil son narraciones, mientras que los ejemplos de tipo lírico que se suelen mencionar provienen del llamado cine experimental o vanguardista, como sería el caso de *Le ballet mécanique* (1923-1924) de Dudley Murphy y Fernand Léger o *Wavelength* (1967) de Michael Snow. Pero hoy en día, no sólo la distancia entre experimental y *main stream* se ha vuelto borrosa, como atestiguan los vídeos musicales, sino que, además, algunos títulos que no se pueden considerar narrativos en sentido fuerte como es el caso de *Koyaanisqatsi* (1983) de Godfrey Reggio han alcanzado gran difusión en las salas comerciales. También tiene un impulso cada vez mayor el documental y otras variantes de la imagen móvil ensayística gracias a la irrupción de lugares como *YouTube* o *Vimeo*. En fin, todas estas variedades pueden ser adecuadamente descritas combinando el vocabulario dedicado a las imágenes aisladas con el que presentamos en esta sección.

Imagen.   Las medios expresivos que podemos encontrar en una película caen bajo alguna de las siguientes categorías:

  i. Imágenes
  ii. Textos y gráficos
  iii. Voz
  iv. Música
  v. Ruidos o sonido ambiente (incluyendo efectos de sonido).

En este apartado comentamos las expresiones de tipo (i) y (ii). Y el primer detalle de importancia para entender cómo se comunica audiovisualmente es entender la distinción entre *puesta en escena* y *montaje*. En la sección anterior se ha comentado de pasada en qué consiste la puesta en escena. Ahora debemos añadir que, dado que la imagen está en movimiento, la escena puede cambiar constantemente en el medio fílmico. Por otro lado, cuando se empiezan a captar las imágenes con una cámara, todos los elementos de la puesta en escena suelen estar previstos y bajo control: Iluminación, decorados construidos o naturales, vestuario, maquillaje, reparto y dirección de actores, cámaras, posición de las cámaras, lentes, tipo de película, etc.

El montaje, por su parte, consiste en el ensamblaje (edición) del filme revelado (o señal electrónica en el caso de la imagen digital), es decir, es una intervención posterior al rodaje. Naturalmente, la distinción entre montaje y puesta en escena se vuelve borrosa en el caso de las imágenes generadas directamente por computadora o en el caso de las mezclas que utilizan materiales preexistentes. Por este motivo, recalco que la noción de montaje refiere sobre todo al acto de ensamblar los fragmentos fílmicos analógicos o digitales utilizados para crear la continuidad del filme.

En definitiva, los filmes son resultado de imbricar el trabajo de puesta en escena con el de puesta en serie o montaje. Y puede ser útil asociar la puesta en escena con la producción del *espacio* cinematográfico y el montaje con la producción del *tiempo*. Pero, cuidado, los complejos efectos espacio-temporales que resultan de esa imbricación hacen imposible a efectos prácticos una distinción absoluta y nítida entre ambas dimensiones, como se echa de ver al analizar los tres niveles básicos de segmentación que encontramos en una película: El *encuadre*, el *plano* o la *toma* y la *secuencia*.

A nivel del encuadre, es decir, a nivel del *fotograma*, es más complicado, aunque no imposible, establecer relaciones temporales, dificultad que el fotograma comparte con la fotografía y con la pintura, asunto que ya se ha comentado. Sin embargo, a nivel de la *toma* o del *plano* –que son los fotogramas contenidos entre *corte* y *corte*– ya puede aparecer una compleja dimensión temporal, sea porque hay un cambio de encuadre al producirse un movimiento de cámara, sea porque hay movimiento de los objetos y personas contenidos en el *campo* –que, como se indicó, es la porción de espacio contenida en un encuadre–, sea por ambas cosas a la vez. Reparemos, además, en que la noción de plano que acabamos de comentar difiere de la presentada en la sección anterior. Lo cual no obsta para que ambas nociones se combinen sin mayores problemas. Al fin y al cabo, la distinción entre primer plano y fondo es indispensable para analizar adecuadamente el plano o la toma fílmica.

En la *secuencia* descansa la mayor parte del trabajo de creación del ritmo. Ahora bien, mientras es relativamente fácil determinar lo que es un encuadre y lo que es un plano, la delimitación de una secuencia no puede escapar a cierta ambigüedad. Es una categoría similar a la de *escena*, que se utiliza más en el ámbito teatral. Es decir, una secuencia sería una unidad básica de narración o disquisición fílmica, y cumpliría la misma función que la escena en un drama. Esto es, mientras que el *acto* teatral es resultado de una combinación de escenas, el *acto* fílmico se obtiene por ensamblaje de una serie de secuencias. Y en ambos casos, la acción completa consiste en el encadenado de, con frecuencia, tres actos. Por otro lado, la secuencia es en la mayoría de los casos fruto de un trabajo de montaje y, por tanto, una actividad posterior a la captación o creación de las imágenes. La excepción son los *planos secuencia*, ya que son capaces de producir una secuencia sin intervención del montaje, por lo que pueden llegar a ser de gran complejidad tanto en términos de la acción como de los movimientos de cámara.

En conclusión, la dimensión temporal de un filme se puede crear por elaboración de la puesta en escena o mediante el montaje de las tomas. Una u otra elección depende del tipo de plano que se privilegie en la película que estemos analizando, habida cuenta que un plano puede, en sus expresiones extremas, consistir en un fotograma o una secuencia. Si una película se apoya en *planos cortos*, será necesario mayor trabajo de montaje para crear la sucesión temporal. Si, por el contrario, se enfatizan los *planos largos* o de larga duración y los planos secuencia, menor necesidad habrá de montaje. La tendencia más reciente del cine más comercial es a la producción de ritmos frenéticos mediante un montaje rápido de planos cortos y supercortos coordinado con la música.

Parecidas consideraciones cabe hacer a la hora de analizar la creación del espacio. Creación de espacio hay a los tres niveles del encuadre, el plano y la secuencia. Pero, nuevamente, dependiendo del tipo de plano que se utilice, se enfatizará la creación de espacio durante la puesta en escena o mediante el montaje. En todo caso, el tipo de espacio que se quiere construir en su relación con el tipo de plano elegido determinará dónde se pone el énfasis. Así, para crear interiores complicados es habitual una buena labor de montaje, mientras que los espacios abiertos permiten una más fácil utilización de los planos largos con movimientos de cámara continuados y desplazamientos de cosas y personas. Ejemplo interesante de lo primero es *The Trial* (1963) y de lo segundo *Touch of Evil* (1958), ambas de Orson Welles. Pero hay ejemplos que pueden contravenir las prácticas usuales, como el

IMÁGENES MÓVILES

Imagen	Sonido

• *Encuadre*
• *Toma / Plano*
• *Secuencia*
• *Códigos gráficos*
	• *Variedades*
	• *Tipos*
	• *Fuentes*
	  ◆ Voz
	  ◆ Ruido
	  ◆ Música

Cuadro 6

Variables básicas para el análisis de las imágenes móviles

plano secuencia inicial de *Boogie Nights* (Paul Thomas Anderson, 1997), que comienza en un exterior y termina en un interior repleto de personas en movimiento, dando lugar a un plano secuencia de enorme complejidad.

Encuadre. Ya introdujimos esta variable al hablar de las imágenes fotográficas y pictóricas. Aquí nos centraremos, dada la variabilidad de los contextos de recepción, en los formatos de visionado habituales:

- Estándar ➜ 4:3. Este es el formato de proyección original de las películas mudas y muy parecido al estándar oficial de las primeras películas sonoras (1,375:1). Los números indican la proporción entre la anchura y la altura de la pantalla. Este es también el formato que se impuso en la televisión durante sus primeros años. Movidos por el impacto negativo que esta tuvo en la asistencia al cine, la industria cinematográfico desarrolló formatos más rectangulares para dificultar su visionado en la pantalla televisiva y, además, ofrecer una experiencia más impactante.
- Estándar ➜ 16:9. Común en las televisiones fabricadas a partir de 2009. También es el formato ancho que manejan los DVDs.
- Panorámico ➜ 16:10. Formato común de muchas computadoras
- Vistavisión ➜ 1,85:1
- Cinemascope ➜ 2,66:1
- Cinerama ➜ 4:1

Parece obvio que, dada la variedad de pantallas disponibles para el visionado de las imágenes móviles, es muy probable que la adaptación lleve normalmente aparejada la manipulación del formato original del mensaje audiovisual.

Otras variables de interés relacionadas con el encuadre derivan del análisis pictórico y fotográfico que explicamos en la sección anterior. Por ejemplo, la profundidad del campo, la perspectiva, la utilización de espacios abiertos o cerrados, la proximidad de los objetos, la proporción, el color, las formas y líneas, la composición simétrica u oblicua, la textura, la iluminación, etc.

Toma o *Plano.* Podemos dividir las variables centrales de la toma en seis grupos:

1. *Tipología.* Refiere al mayor o menor campo ocupado por los personajes y los objetos
   a. *Plano general*: La figura humana aparece en su totalidad
   b. *Plano americano*: Desde la rodilla hacia arriba
   c. *Plano medio*: Desde la cintura hacia arriba
   d. *Primer plano*: Una parte del cuerpo
   e. *Primerísimo plano*: Más cerca todavía, los ojos, la boca, el dedo de una mano, etc.
   f. *Plano de detalle*: Una vista cercana de un objeto
   g. *Plano de conjunto*: Varias figuras de cuerpo entero
   h. *Plano máster*: Todo el escenario para establecer *continuidad* entre las distintas tomas
2. *Duración.* Desde un fotograma hasta una secuencia
3. *Distancia.* Refiere a la distancia virtual en que la imagen coloca al espectador respecto de los objetos contenidos en el campo. Cuando se utilizan cámaras, depende del objetivo utilizado
   a. *Plano normal*: Que se acercan a la experiencia visual humana cotidiana (lente de unos 50 mm)
   b. *Plano de gran angular*: Amplio horizonte de visión que trata de reproducir la visión estereoscópica humana (lentes de menos de 30 mm, cuanto más pequeña mayor distorsión de las líneas rectas, que se van curvando)
   c. *Plano de teleobjetivo*: Planos con lentes mayores de 50 mm. En fotografía las hay de hasta 1.000 mm.
4. *Movimiento de cámara*
   a. *Travelín*: Movimiento *horizontal* sobre raíles fijos o a mano, o sobre un soporte de ruedas. También, movimiento *vertical* con la cámara instalada en un grúa por ejemplo
   b. *Panorámica horizontal*: La cámara gira sobre su eje vertical sin desplazarse
   c. *Panorámica vertical*: La cámara gira sobre su eje horizontal sin desplazarse
   d. *Barrido*: Cuando la panorámica horizontal o vertical se hace de manera que sólo mantengan nitidez las imágenes inicial y final
   e. *Roll*: Giro de la cámara sobre el eje perpendicular a la lente

f. *Zoom*: Más que de un movimiento de cámara se trata de un movimiento de lente. El zoom es una lente especial que puede ir cambiando progresivamente su distancia focal. Obviamente, para complicar las cosas, es posible combinar un movimiento de zoom con un movimiento de cámara

5. *Ángulo*. Esta variable ya se ha comentado en la sección anterior, pero se amplían las posibilidades al considerar la composición de la imagen
   a. *Elevación normal*: La cámara colocada a la altura de los ojos de un adulto de estatura media que está de pie
   b. *Picado*: Mirando desde arriba
   c. *Contrapicado*: Mirando desde abajo
   d. *Aproximación*: Cuadrada, simétrica u oblicua

6. *Foco*. Refiere a la profundidad de campo, es decir a la porción del campo, considerado como un espacio tridimensional, que está enfocado. Así se suele hablar de gran o poca profundidad de campo, de enfocado suave o muy marcado, de enfoque que sigue a un objeto o persona que atraviesa el campo y de desenfocado y enfocado según se van moviendo las imágenes para enfatizar unos u otros objetos contenidos en el campo

Secuencia.   Ya comenté más arriba el caso particular del plano secuencia. En este apartado me referiré exclusivamente a secuencias construidas mediante montaje, es decir, a secuencias que son resultado de un trabajo de selección, corte y pegado de tomas para producir la dimensión temporal del film. Al hablar de los tipos de signos ya nos referimos a los índices como aquellos signos que se relacionan con su significado por la contigüidad espacial y temporal. Este fenómeno básico cobra suma importancia cuando nos enfrentamos a la sucesión de las imágenes, pues constantemente se van produciendo contaminaciones de sentido entre unos fotogramas y otros, entre unas tomas y otras. Esta contaminación recibe el nombre de *efecto Kuleshov* (Lev Kuleshov, 1899-1970), pues fue este teórico ruso del montaje quien efectuó una serie de experimentos para mostrar cómo varía el significado de una toma o imagen al cambiar la toma o imagen siguiente. Este efecto también tiene relevancia en el arte de las imágenes yuxtapuestas, o sea, en los comics, novelas gráficas, fotonovelas, etc.

Los efectos temporales habituales que se buscan con el montaje son los siguientes:

1. La rigurosa *continuidad*
2. La *elipsis temporal*, sea definida o no
3. El *retroceso temporal*, sea definido o no
4. La *simultaneidad*. La simultaneidad puede ser conseguida en un plano cuando las acciones coexisten en el mismo campo o en el mismo encuadre (en este último caso mediante la compartimentación de la pantalla o mediante doble exposición). La simultaneidad mediante montaje se produce presentando las dos acciones en sucesión o presentándolas en montaje alterno. Esto último se suele hacer, por ejemplo, en una persecución: Corte al que huye, corte al que persigue, corte al que huye, corte al que persigue, así hasta el momento en que ambos personajes se encuentran, y teniendo cuidado de hacer los planos cada vez más cortos para aumentar la tensión dramática según nos vamos acercando al momento del encuentro o choque de los dos personajes

En cuanto a las marcas del montaje o, con otras palabras, a las convenciones visuales que normalmente se utilizan para facilitar el paso de un plano a otro, podemos resaltar las siguientes:

1. *Corte*. Una transición limpia y abrupta entre planos consecutivos. El corte puede romper o no la *continuidad* de la acción. Para no romperla, las transiciones deben de ser fluidas en términos de iluminación, objetos, movimientos, coherencia espacial y temporal, sonidos, voces, etc.
2. *Fundido*. Desaparición paulatina de la imagen contenida en el plano hasta inundar todo el campo con un color sólido determinado, que puede ser el blanco –fundido en blanco– o el negro –fundido en negro– o cualquier otro color. Otra variante es el *fundido encadenado*, que consiste en disolver la última imagen de un plano en la primera del plano siguiente. Los fundidos también pueden ser de *apertura* o de *cierre*, según ocurran al principio o al final del filme. En el primer caso, pasamos de un color sólido a la imágenes iniciales del filme; en el segundo, de una imagen a un color sólido

3. *Cierre y apertura del iris.* Es una transición entre planos que se efectúa con el diafragma de la cámara. La transición tiene forma circular, sea cuando se va cerrando paulatinamente el diafragma o cuando se va abriendo. Cuando se cierra, el resultado final es similar al de un fundido en negro

4. *Cortinilla vertical* u *horizontal.* Transición entre planos que va fundiendo o cerrando paulatinamente la imagen bien de arriba abajo o de abajo arriba, bien de izquierda a derecha o de derecha a izquierda, para volver a abrirla correspondientemente

5. *Desenfoque/enfoque.* Transición entre planos manipulando el foco de la lente

6. *Congelado de la imagen.* Parando la imagen por completo y cortando para hacer la transición al siguiente plano

7. *Intertítulos* o *didascalias* en el cine mudo. Códigos gráficos –ver a continuación– cuya función es introducir información similar a la que encontramos en el discurso de un narrador o en las acotaciones de las obras de teatro. El procedimiento es el siguiente: Imagen → corte → intertítulo → corte → imagen

Códigos gráficos.   Material gráfico altamente codificado, como la lengua escrita o las señales de tráfico. Tipos principales:

1. *Didascalias* o *intertítulos:* Los carteles de las películas mudas

2. *Títulos de crédito:* Información sobre la gente y compañías que han intervenido en la realización del filme

3. *Subtítulos* para facilitar el visionado de películas a los hablantes de lenguas distintas a la que utilizan los personajes

4. *Escritos varios:* Pueden ser de carácter *diegético*, es decir, pertenecientes a la historia narrada, como cartas o nombres de calles; o de carácter no diegético o *extradiegético*, es decir, externos a la narración, como sería el caso de una pintada con el nombre del director de la película.

Sonido.   En este apartado comento la información de tipo (iii), (iv) y (v) a que me referí más arriba. Conviene señalar para empezar que el sonido al igual que ocurre con la manipulación de la imagen puede ser resultado de la puesta en escena o de los recursos técnicos habilitados durante la fase de montaje. El método utilizado depende de si se utiliza o no *sonido directo*, es decir, de que se incorpore o no a la *banda sonora* el sonido generado durante la grabación de las imágenes. No obstante, lo más probable es que todo sonido que esté fuere de campo sea incorporado a la banda durante el proceso de montaje, es decir, después del rodaje. Cuando el sonido no es directo, la incorporación se produce al desarrollar la banda sonora. Una advertencia antes de empezar: La dialéctica imagen-sonido es muy compleja y muy difícil de sistematizar. Por ello, aquí tan sólo comento aspectos del sonido considerado en sí mismo.

Las *variedades* de sonidos que suelen acompañar a las imágenes móviles se pueden reducir a los siguientes tipos:

1. Voz
2. Música
3. Sonido ambiente (todo tipo de ruidos)
4. Efectos de sonido que sean difícilmente clasificables en cualquiera de las categorías anteriores

Clasificación.   La voz, el sonido, la música y los efectos de sonido de una película pueden caer bajo alguna de las siguientes categorías:

a. *Sonido diegético* y *no diegético.* El primero hace referencia a aquel sonido que tiene su fuente en la acción que se está narrando, mientras que el segundo es externo e independiente de la acción.

b. *Sonido en campo* y *sonido fuera de campo.* El primero es sonido cuya fuente se encuentra en el campo. El segundo cuando la fuente es diegética pero no se encuentra en el campo

c. *Sonido* *interior*, o sea que se origina en el interior del personaje y *exterior*, es decir, exterior al personaje.

Estos tres tipos –diegético/no diegético, campo/fuera de campo, interior/exterior– se dan en todas las variedades de sonido, aunque como es de comprender su relevancia varia en uno u otro caso. Así, por ejemplo, la

Tira cómica 1
The Yellow Kid (Richard F. Outcault, 1896)

distinción entre interior y exterior no suele funcionar en el caso de la música, aunque es posible imaginar una situación en que se haga participe al espectador de una melodía que está, por ejemplo, recordando uno de los personajes. Normalmente la música es no diegética, aunque es fácil imaginar contraejemplos.

Fuentes: Voz. La voz admite gran variedad de fuentes. Lo normal es que provenga de un personaje, se visualice o no la emisión –el personaje puede estar de espaldas o fuera de campo–. También podemos escuchar voces que se superponen a la imagen para enterarnos de la corriente de pensamiento de un personaje. Pero hay ocasiones en que las voces superpuestas tienen un origen no diegético, como los comentarios que solemos escuchar en un documental o la voz de un narrador omnisciente que no aparece como personaje en la acción. Las mismas consideraciones pueden ser de utilidad a la hora de describir las otras variedades de sonido.

3.2.2   Imágenes estáticas yuxtapuestas

Las variables que presentamos a continuación pueden aplicarse a distintos medios que utilizan la imagen secuencial como fundamento del mensaje –con excepción de los vehículos expresivos que se basan en la imagen en movimiento, ya vista en la sección anterior–. Ofrecemos aquí, entonces, un vocabulario básico que puede ser de utilidad para explicar el arte de la imagen secuencial yuxtapuesta, que es el caso de los cómics, novelas gráficas, historietas, *webcómics* y fotonovelas. Y nuestro punto de partida es un fenómeno misterioso: Cuando vemos dos o más imágenes yuxtapuestas en secuencia, nuestro cerebro trata de establecer una *continuidad* entre ellas. Pero antes de empezar la exposición, formulo dos precisiones:

- El arte de la imagen no secuencial (viñeta, pintura, emblema, fotografía, publicidad gráfica icónica) se resuelve por la mayor parte con las variables recogidas en la columna de la *imagen* del cuadro 7.[30] Estas variables han sido comentadas previamente en nuestra presentación general dedicada al análisis de la imagen aislada individual, por lo que no volveremos a incidir en ellas. Con la única excepción de la entrada que dedico a las convenciones, pues hace referencia a motivos gráficos que no suelen ser típicos de la fotografía o la pintura.

---

[30]Se aconseja consultar los trabajos de Will Eisner, Luis Gasca y Román Gubern, y Scott McCloud recogidos en la bibliografía.

• Muchas viñetas y novelas gráficas comunican exclusivamente mediante imágenes, por lo que no tiene mucho sentido pensarlas en términos de la relación entre imagen y palabra, asunto que recogemos en las otras dos columnas del cuadro 7.

Imagen. Paso, entonces a comentar brevemente a qué nos referimos cuando hablamos de *convenciones gráficas*. Se trata de procedimientos a medio camino entre el ícono y el símbolo, entre la significación por semejanza y por convención. El componente icónico explica que algunas de estas convenciones sean fácilmente comprensibles, pero a veces su esquematismo es tal que vale más considerarlas símbolos que otra cosa. Podemos observar un ejemplo interesante de lo primero en la manera en que la tira cómica 1 representa el movimiento. Las viñetas 3, 4, 5 y 6 utilizan líneas circulares para expresar el movimiento rápido de los animales. En la viñeta 2, por contra, se utilizan líneas rectas para significar el salto del mono desde el suelo a la percha donde se encuentra el loro. Se utilizan también otras técnicas que comentamos previamente al hablar de la construcción del tiempo en las imágenes aisladas; a saber, el desdibujamiento de los contornos de los animales y el difuminado del cuerpo de los animales en las viñetas 3, 4, 5 y 6.

Estas técnicas devienen en otros casos auténticas representaciones simbólicas. Así, en la tira cómica 2, junto a las convenciones cinéticas de corte icónico para representar el movimiento del palo de golf, encontramos también el uso de estrellitas para significar el dolor y aturdimiento que experimentan los personajes a causa de los impactos recibidos. De hecho, en muchas ocasiones, los estados emocionales denotados fisionómicamente se enfatizan con símbolos tales como líneas quebradas en el caso de la ira, gotas enormes de sudor en el caso de los apuros, etc. En fin, es difícil hacer un inventario completo de este tipo de procedimientos, pero que conste que incluso los olores, buenos o malos, pueden ser representados gráficamente con puntos y líneas.

Palabra. Los *cartuchos* son espacios reservados —dentro de la viñeta, o entre dos viñetas, o debajo de las viñetas, o por encima de las viñetas— que se dedican al discurso del narrador o a otro tipo de intervenciones que podemos describir como información de naturaleza editorial. Su función es aclarar o explicar la imagen, facilitar la continuidad narrativa o transmitir los comentarios del narrador. Los cartuchos no siempre están delimitados por líneas, aunque esto sea normal. Así en la tira cómica 1, los cartuchos se localizan entre la fila superior e inferior sin líneas de demarcación.

Los *globos* o *bocadillos* son los encargados, por su parte, de transmitir tanto el discurso interno como el externo de los personajes, es decir, lo que piensan y lo que hablan. Las convenciones utilizadas para presentar estos discursos son muy variadas. Por ejemplo, Outcault suele colocar las intervenciones de Yellow Kid en la superficie de su camisola, aunque en el caso de los animalitos utiliza globos o bocadillos propiamente dichos, que es la técnica usual.

Con la noción de *rotulación* nos referimos a variables tales como el tipo de letra (manual, máquina), la fuente, el tamaño, el uso de las mayúsculas o minúsculas, etc. En cuanto a los *letreros* transmiten información adicional incorporada dentro de la viñeta que puede ser de naturaleza diegética o no. Un ejemplo de esta

IMÁGENES YUXTAPUESTAS

Imagen	Palabra	Imagen / Palabra

• *Encuadre*
• *Campo*
• *Plano*
• *Ángulo*
• *Perspectiva*
• *Textura*
• *Iluminación*
• *Convenciones gráficas*
	• *Cartuchos*
	• *Globos o bocadillos*
	• *Rotulación*
	• *Letreros*
	• *Onomatopeyas*
	• *Convenciones*
		• *Relación imagen / palabra*
		• *Montaje*
		  ◆ *Puesta en página*
		  ◆ *Continuidad (espacio, acción, movimiento)*
		  ◆ *Secuencia de viñetas*
		  ◆ *Solapamiento y campo compartido*
		  ◆ *Viñetas de detalle*

Cuadro 7

Variables básicas para el análisis de las imágenes estáticas yuxtapuestas

Tira cómica 2
The Yellow Kid (Richard F. Outcault, 1897)

técnica se puede observar en la historieta 1 de Winsor McCay. En concreto en la primera viñeta, donde un letrero indica que el personaje está subiendo las escaleras de la estatua de la libertad.

El mundo de las onomatopeyas en el arte gráfico es complejo y variado, aunque debido a la influencia del cómic americano, se ha convencionalizado gran número de onomatopeyas derivadas del idioma inglés. La mera presencia de una onomatopeya, que suele ocupar parte importante del espacio de la viñeta sin que medien circunscripciones o delimitaciones, implica transcurso temporal y, por tanto, ordenación de acciones, o sea, narración. La ejecución gráfica de las onomatopeyas es extremadamente variada y factor clave a la hora de analizar el encuadre de la viñeta. Por ejemplo, la onomatopeya suele eliminar el fondo del campo. Se trata de una de las grandes convenciones del arte de las imágenes pictóricas yuxtapuestas. Un ejemplo espectacular del uso de las onomatopeyas y en general de otras convenciones de la escritura se puede ver en la historieta 2. Aquí, McCay es capaz de convertir los textos en los protagonistas de la narración.

Como se puede observar en la misma historieta 2, las convenciones relacionados con la comunicación lingüística son múltiples y variadas. Resulta imprescindible familiarizarse con ellas para distinguir tanto la representación de los distintos tipos de discurso interno y externo cuanto la representación de los distintos efectos de sonido. Señalar tan solo, que los personajes pueden cuchichear, despreciar, hablar entrecortadamente, hablar al mismo tiempo o alternamente, proferir blasfemias inconcebibles, etc. También los aparatos —radios, televisiones, teléfonos— y los animales hablan —esto último se pudo apreciar en las dos tiras de Outcault—.

Imagen y palabra.   Las categorías básicas para describir la relación entre imagen y palabra —siempre y cuando estén presentes ambos vehículos de significación— son las siguientes: Complementariedad, redundancia, antítesis —paradoja, cohabitación—, yuxtaposición —congruencia, incongruencia—, ironía y parodia. Tendremos oportunidad de explorar estas técnicas en el próximo capítulo, pues son componente esencial del análisis retórico. No obstante, es difícil estandarizar las estrategias retóricas posibles debido a la complejidad de un discurso que combina la dimensión lingüística con la dimensión pictórica.

Historieta 1

Dream of the Rarebit Fiend (Winsor McCay, 1905)

Por otro lado, en el arte narrativo que utiliza imágenes yuxtapuestas, el análisis del *montaje*, o sea, de la manera en que se reúnen las imágenes es absolutamente esencial para tener una comprensión adecuada del mensaje que se quiere transmitir. Obviamente, puede ser útil pensar en el montaje cinematográfico como punto de partida para entender en qué consiste el montaje gráfico, pero conviene rápidamente pasar a imaginar las diferencias entre ambos. Las técnicas básicas quedan enumeradas en el cuadro 7, y aunque todas ellas son relevantes, no cabe duda que la puesta en página es la variable que conviene analizar con mayor detalle y como punto de partida. Pero no siempre fue así. En los orígenes de la novela gráfica (primer tercio del siglo XX), este aspecto no era relevante, pues cada página solía consistir en una única viñeta. Sin embargo, con el paso del tiempo se desarrollaron convenciones muy sofisticadas para manipular tanto la variación espacio-temporal cuanto el ritmo de la acción en aquellos casos en que se combinaban varias viñetas en una misma página.

Historieta 2
Little Nemo (Winsor McCay, 1910)

La *puesta en página* está estrechamente relacionada con lo que podríamos denominar las *unidades de publicación*, que son dependientes del medio en que se publica el arte de las imágenes y de la variedad de los componentes que caracterizan al medio. En este sentido, entre las unidades de publicación convencionales encontramos la página completa —típica de las revistas dedicadas exclusivamente al cómic y de las novelas gráficas—, y las medias páginas y tiras diarias que son propias de los periódicos y revistas en papel. Por supuesto, en los medios digitales las categorías propias del papel quedan en cuestión, aunque en su origen comenzaron usando sus convenciones. Según mi experiencia, el visionado de novelas gráficas diseñadas originalmente para el papel en los nuevos medios digitales —en los móviles, en particular— es una experiencia desigual, pues se puede perder la visión de conjunto que originariamente ofrecía la página.[31]

En todo caso, la puesta en página es una unidad de comunicación central en el cómic. De hecho, la misma historia con paginaciones distintas puede dar lugar a narraciones claramente diferenciadas. Otra variable a considerar es el orden que ocupa la página en el desarrollo de la acción. Acción rápida y diálogos cortos se suelen

---

[31]Un buen ejemplo de ello es la versión para el iPhone de *The Walking Dead* (Robert Kirkman y Tony Moore/Charlie Adlard, 2003--2013).

Historieta 3
Little Nemo (Winsor McCay, 1905)

manifestar en paginaciones muy distintas. Asimismo, es habitual que una novela gráfica comience en página impar y se vea continuada por apareamientos de las páginas pares con las impares. De esta forma, podríamos afirmar que las unidades básicas de ordenación de la acción en el cómic serían la *viñeta*, la *página* y el *empare-jamiento* de las páginas pares con las impares.

Si observamos la historieta 1 haciendo abstracción de que se trata de una sucesión de viñetas y miramos la página como un todo, notaremos que McCay ha diseñado las distintas viñetas para formar líneas ondulantes continuadas que congregan las distintas viñetas en una dibujo común. Las líneas empiezan en las tres viñetas de la primera fila, se continúan en las tres viñetas de la segunda fila y concluyen en las dos viñetas situadas más a la izquierda en la última fila. Se trata de un ejemplo bastante claro de puesta en página no trivial. En la historieta 2, McCay manipula el tamaño de las viñetas para lograr una distribución menos uniforme. Destaca la viñeta rectangular de la fila tercera pues rompe el esquema de celdas alternantes. Resulta interesante constatar que aunque no han pasado muchos años desde las viñetas regulares de las tiras de *Yellow Kid*, la sofisticación en el diseño de las páginas se ha desarrollado sobremanera, como se puede remachar echando un vistazo a la historieta 3 del mismo McCay.

La noción de *continuidad* engloba una serie de técnicas relacionadas con el encadenamiento más o menos fluido de dos o más viñetas consecutivas. Las técnicas utilizadas varían en función de que se quiera enfatizar la continuidad del movimiento, de la acción, del tiempo o del espacio. Por supuesto, todas ellas se pueden combinar. Por cierto, no cabe duda que se trata de prácticas que presentan cierta analogía con el travelín y la panorámica cinematográficos.

La *secuencia de viñetas* consiste en un encadenamiento que tiene por objetivo producir un efecto específico. Por ejemplo, un cambio en el punto de vista con que se nos presenta un mismo espacio, o una variación en la escala con que se percibe tal o cual lugar, o un énfasis en el paralelismo de acciones que ocurren en espacios distintos, o la introducción de un transcurrir temporal específico –continuidad, elipsis, analepsis o prolepsis– o, en forma más general, transformaciones espacio-temporales.

El *solapamiento* es un tipo especial de *continuidad* que se produce cuando el espacio de un viñeta invade el espacio de una o más de las viñetas yuxtapuestas. Es un recurso bastante artificioso porque desestructura la unidad básica de ordenación de la acción, o sea, la viñeta y, de esta manera, descompone la ordenación de la acción en precisas unidades espacio-temporales. Ahora, en buenas manos, puede producir efectos sorprendentes.

A imitación del efecto cinematográfico consistente en dividir el encuadre en dos o más espacios, el cómic a veces fragmenta el encuadre rectangular en dos o más campos separados por líneas oblicuas. Es una técnica que se suele utilizar para presentar acciones simultáneas conectadas –v. gr., un diálogo telefónico–. También produce efectos de interés cuando se utiliza para fragmentar un objeto o personaje en multitud de primeros planos con puntos de vista y ángulos diversos.

Finalmente, las viñetas-detalle son enmarcaciones dentro de una viñeta que nos ofrecen un primer o primerísimo plano de algún aspecto concreto de la imagen general que se presenta en la viñeta. Las enmarcaciones pueden ser rectangulares, circulares o en otro formato. También tiene interés resaltar el efecto contrario, es decir, el de las viñetas destinadas a ofrecer un visión general que permita situar en su justa proporción los acontecimientos que están siendo narrados. Es lo que ocurre en la viñeta circular de la historieta 3, que se convierte, desde el punto de vista de la semiosis, en el momento en que sale a la superficie la lógica superrealista que anima el relato.

3.3 Cuerpos

En la comunicación estética ocupa un lugar central, junto a las palabras y las imágenes, el lenguaje del cuerpo. Como toda semiosis, la expresión corporal está sujeta a arte; un arte tan antiguo como la humanidad y que está detrás de vehículos expresivos tan relevantes como la oratoria y el drama. Y también del cine, podríamos decir. No obstante, tanto la puesta en escena como el montaje y la computación pueden manipular la presentación del cuerpo humano en forma tal que decidimos dedicarle un apartado específico al arte cinematográfico. Por supuesto, la expresión corporal también está detrás de la danza y el canto. Pero había que trazar ciertos límites para hacer más manejable el número de categorías consideradas. Por tanto, aquí nos limitaremos a pensar más en la oratoria y el drama, dedicando especial atención al arte dramático dada su capacidad de incluir entre sus variables las que son más específicas de las artes forenses basadas en la elocuencia. En todo caso, esperamos que nuestra breve discusión sea útil para cualquier mensaje que utilice como vehículo el cuerpo humano.

Por otro lado, como se puede comprender, y así se recoge en el cuadro 8, el lenguaje del cuerpo tiene una dimensión visual que hubiera legitimado su inclusión entre las artes de la imagen móvil. Pero decidimos no hacerlo así porque queremos resaltar la importancia de la actuación en directo, es decir, del contacto cercano en un mismo espacio entre el cuerpo del orador o de los actores y el de los espectadores. Lo habitual, sin embargo, es que la mayor parte de los análisis dedicados a los mensajes que incorporan actuación humana se centren en material escrito –las obras de teatro o las transcripciones de las intervenciones forenses– o, en el mejor de los casos, grabaciones tomadas en directo y transmitidas simultáneamente o en diferido. Habrá que tomar en

CUERPOS

Voz y Sonido	Espectáculo
• *Lenguaje* • *Diálogos* • *Monólogos* • *Apartes* • *Efectos de sonido* • *Actantes verbales*	• *Organización espacio-temporal* • *Actores* • *Efectos visuales* • *Actantes visuales*

Cuadro 8

Variables básicas para el análisis de la expresión corporal

consideración este estado de cosas para que nuestros análisis, con la ayuda de la imaginación, se hagan sobre la base de una presencia virtual del analista en el espacio de la representación.

También hay que acentuar el dato básico de que la oratoria y el drama son artes del tiempo. Sin ir más lejos, si muchas narraciones son historias contadas por un narrador, los dramas son historias contadas normalmente a través del diálogo y las actuaciones de los actores. Pero como se puede suponer, la expresión corporal se adapta sin problemas a todos los modos de comunicación evaluados en el capítulo segundo. De aquí que un análisis adecuado de la comunicación corporal deba incluir todo lo relativo a la correcta comprensión de las historias, ideas y sentimientos comunicados.

Voz y sonido. Yendo más directamente a las variables incorporadas en el cuadro 8, comentar que las hemos clasificado en función de cómo los espectadores perciben la información contenida en una determinada *puesta en escena*. Por cierto, la puesta en escena de las actuaciones en directo difiere grandemente de la que es habitual en el cine, aunque obviamente también hay ciertas similitudes. En general, todos los actores *ensayan* antes de representar. También hay que cuidar de los *decorados*, la *iluminación* y el *vestuario* de los oradores o representantes se trate de una puesta en escena cinematográfica o teatral. Pero, claro, la representación oratoria y dramática suele ocurrir en edificios especializados para la comunicación inmediata que, por lo demás, establecen transiciones bien marcadas entre el espacio de la actuación y el espacio destinado al público. La actuación en el arte fílmico, dada su incorporación a los mensajes de la comunicación mediata, ocurre, por lo general, en espacios no públicos, caso de los estudios de filmación.

Volviendo al punto inicial, hemos decidido separar la información que recibimos a través del oído de la información que nos entra por los ojos. Ello es importante no sólo analíticamente, pues conviene no perder de vista que lo que tenemos entre manos suele ser una combinación de cuerpos mudos y hablantes. En una situación ideal, el analista debería ser capaz de separar el análisis de la gestualidad y el movimiento de los cuerpos y de las cosas del análisis del lenguaje hablado o escrito que se incorpore a la representación.

La distinción está más clara cuando pensamos en los textos de partida. Así, una inspección breve de una obra de teatro nos descubre que la mayor parte del texto se lo llevan los diálogos de los personajes en sucesión ininterrumpida. Ahora bien, si nos fijamos con mayor atención veremos que al principio de la obra se suele consignar los *dramatis personæ* o personajes que intervienen en la acción dramática y, también, una serie de indicaciones sobre cómo establecer y organizar el *escenario* –o sea, el espacio en que ocurre la representación–. Estas indicaciones, que suelen ir en cursiva o entre paréntesis o ambas cosas a la vez, reciben el nombre de *acotaciones*. Las acotaciones son el mecanismo de intervención autorial que más se acerca al papel que cumple un narrador en una narración. Dependiendo del texto, las acotaciones pueden ser muy simples o muy complejas. Cuando menos, dan información sobre los movimientos de los actores, las entradas y salidas de los personajes del escenario, cómo entonar tal o cual palabra, frase u oración, qué sentimientos expresar, cómo iluminar la escena, qué efectos de sonido incorporar, etc. Por este motivo, junto a la acotación inicial que sirve para organizar el escenario, encontraremos acotaciones diseminadas a todo lo largo y ancho del texto. Y la función del analista es ser capaz de clasificarlas en función del tipo de información que proveen, pues básicamente le indican al director y a los actores cómo crear la representación. En definitiva, lo que resulta interesante para nuestra discusión es que la inspección de un texto dramático cualquier da una impresión muy engañosa. Casi todo parece ser información que entra por el oído –los diálogos y los efectos de sonido–, cuando en realidad hay tanta o más información que entra por la vista –la actuación, movimiento, decorados, vestuario, etc.–.

En lo que toca a la voz y los sonidos, señalar, en primer lugar, que el análisis de la caracterización de los personajes debe incluir un examen del lenguaje que utilizan. Aspectos relevantes son el tipo de habla, culta o no, variedad dialectal, peculiaridades en función de la edad, el sexo y el estatus social, etc. También, dependiendo del periodo histórico de emisión, hay que considerar la posibilidad de que nos encontremos con diálogos versificados. Sea como sea, siempre hay que incorporar a nuestro análisis los aspectos comentados al hablar de las palabras en este mismo capítulo. La única excepción a esta regla se encuentra en las representaciones mudas, o sea, en el *mimo*, que es un tipo de interpretación basada en los gestos y los movimientos corporales con emisión ocasional de sonidos no verbales y, por supuesto, en la danza.

Por la mayor parte, como decíamos, la interacción de los personajes en una obra dramática consiste en el intercambio dialógico. Este patrón se suele romper a veces mediante la intercalación de *monólogos* y *apartes*. Se trata de dos convenciones habituales que tienen por objetivo expresar la corriente de pensamiento de algún personaje. El aparte ocurre en medio de una conversación. El interlocutor actúa como si no hubiera escuchado nada, mientras que el público toma conocimiento de lo que pasa por la cabeza del emisor. Suele utilizarse con mucha frecuencia para producir efectos cómicos. El monólogo o *soliloquio* es la expresión en voz alta de una reflexión interior. Contrasta con la intervención breve del aparte por su mayor duración, por lo que podemos caracterizarlo de *parlamento*. Por supuesto, el actor finge que habla para sí, como si estuviera solo, que es lo habitual, aunque puede darse el caso de un monólogo con presencia de otros personajes que actúan como si no estuvieran oyendo nada. Un último asunto a considerar es la correlación que suele haber entre la duración de la intervención hablada y el movimiento de los actores. Los parlamentos en un diálogo se asocian con acciones lentas. Consecuentemente, cuando el ritmo de la acción aumenta, las intervenciones dialógicas se vuelven más breves. Y, de hecho, pueden llegar a desaparecer en situaciones de ritmo frenético.

Por *efectos de sonido* entendemos básicamente toda información sónica de carácter no verbal. Por tanto, incluimos en este apartado el análisis de la *música* y del *ruido ambiente* junto con otros sonidos que no caigan bajo esas dos categorías. Al igual que ocurre en los filmes, los sonidos pueden ser *diegéticos* o no y tener su fuente en el escenario o *fuera del escenario*. Todas estas variaciones deben ser consignadas por la relevancia que puedan tener a la hora de elaborar una interpretación completa del mensaje.

La última variable relacionada con la información sonora son los *actantes verbales*. Primero de todo, fijémonos que en el plano del espectáculo también incorporamos la categoría del actante. Por tanto, la explicación que presento a continuación se debe entender que también es válida para el análisis de la información visual. Pues bien, es fácil entender que los actores u oradores son los agentes de las acciones verbales, físicas o psicológicas de la representación. Pero, ¿qué ocurre cuando el mensaje incluye también animales u objetos que parecen ser muy importantes en los distintos acontecimientos? ¿Cómo nombrar a este tipo de agentes que no son humanos? Diremos de ellos que son actantes que cumplen un papel central en el desarrollo de la acción. Ahora, advirtamos que nuestro interés, de momento, reside en aquellos actantes con los que el espectador entra en contacto no visual sino auditivamente. Esto indica que se trata de actantes verbales –palabras, frases, expresiones, metáforas, etc.– u otro tipo de sonidos que funcionan como agentes centrales de la acción: Ruidos, una melodía que se repite en momentos clave o, en general, cualquier otro efecto de sonido usado sistemática o estratégicamente. Dado que casi cualquier cosa puede funcionar como un actante, es necesario cierto ejercicio de ecuanimidad para no desbordar nuestro análisis. La idea esencial aquí es que algo realiza la labor de actante cuando su eliminación produce una transformación sustancial del mensaje que estamos analizando.

Espectáculo.   Todo aquello que vemos. Un espacio, un lugar y unas acciones a lo largo del tiempo ejecutadas por una o varias personas. Básicamente este es nuestro interés en este apartado. El *actor* o el *orador* es elemento central en eso que vemos. Las mismas palabras dichas por oradores distintos pueden tener un efecto muy diverso en el público. Se explica, pues, que la presencia física y la voz del actor sean de enorme influencia en la comunicación. Reparemos, además, que no sólo se trata de si estamos en presencia de un buen o un mal actor, sino también de algo más elemental que tiene que ver con el carácter y el temperamento primario de la persona en cuestión. Como vimos más arriba al comentar un texto de Gracián, no hay arte sin naturaleza, aunque la naturaleza se perfecciona con el arte. El buen comunicador es aquel que se convierte en lo que comunica: Una sonrisa no sentida es una sonrisa falsa. Se explica, por ello, que las teorías de la actuación enfatizan desde antiguo que el buen actor es el que se transforma en su papel o que el buen orador es el que cree que eso que dice es verdad… aunque sea momentáneamente.

Los actores ejecutan las acciones en un tiempo y en un espacio. Recordemos a este respecto nuestra discusión de estas variables a lo largo de los distintos capítulos. Todo lo dicho hasta ahora es un bagaje necesario. Aquí señalar que la representación debe construir su espacio y tiempo de forma tal que el espectador abandone su espacio-tiempo particular para ingresar en la virtualidad que ofrece la representación. Las técnicas son muy variadas, pero si de algo sirve la experiencia es para indicar que no se necesita gran cosa para que el espectador se vea teletransportado al mundo posible de la ficción. Tan sólo que sea capaz de captar su interés con las palabras y los gestos.

En el caso de las obras dramáticas, los decorados y la iluminación suelen cumplir un papel muy importante en la recreación de un espacio. Cambiando decorados e iluminación se transforman no solo los lugares sino también los tiempos representados en el escenario. Por esta razón, es normal que una obra de teatro se divida en segmentos con sentido, y que el paso de un segmento a otro se marque con cambios en el espacio y tiempo de la acción.

Como regla general, una obra de teatro –y la mayoría de los filmes– se suele dividir en tres segmentos o *actos*. Cada acto ofrece una acción completa, es decir, con un principio, desarrollo y desenlace. La habilidad del dramaturgo consiste en construir la acción del acto en forma tal que se integre con *coherencia* en esa acción mayor que es la obra teatral. Los actos, a su vez, se subdividen en *escenas* o unidades de acción con sentido más pequeñas. Cada escena, a su vez, suele presentar unidad espacio-temporal, por lo que cambios de espacio y tiempo conllevan cambios de escena y viceversa. Ahora bien, también podemos encontrar actos con unidad de espacio y transcurrir continuo. Cada caso merece atención particularizada, por lo que hay que tomar con cierta precaución toda generalización. Por lo demás, el análisis de los juegos espacio-temporales de la ficción que hemos analizado en ocasiones previas es útil para entender la relación que se establece entre el espacio-tiempo del espectador y el espacio-tiempo de la acción.

Los *efectos visuales* más característicos son los relacionados con la *iluminación*. No por nada, los edificios destinados a la representación suelen ser lugares cerrados con iluminación artificial. Cambios en las luces –sean abruptos o fluidos– pueden producir cambios temporales; y, en muchas ocasiones, se ejecutan para influir emocionalmente en el espectador. La iluminación también tiene la habilidad de delimitar el espacio abierto del escenario para crear la sensación de enclaustramiento, segmentación y énfasis. Por descontado, los efectos visuales no se limitan a la iluminación. El uso de proyectores permite colocar en el espacio de la representación imágenes tanto icónicas como convencionales, incluyendo la palabra escrita. En cuanto a las imágenes icónicas proyectadas pueden ser tanto estáticas como móviles.

Y para concluir, los actantes visuales suelen ser tan importantes como los verbales. Notemos, además, que un actante puede funcionar sónica y visualmente. Y cuando esto ocurre estamos en presencia de actantes especialmente potentes pues afectan al espectador de forma múltiple. Claro, los animales que aparecen en escena suelen cumplir una función actancial. Pero, en general, cualquier componente del escenario puede convertirse en agente visual. Es decir, no importa que sea un componente de la decoración, del vestuario o incluso de un objeto portado por los actores o, incluso, la mismísima iluminación.

4 El análisis

En este capítulo integraremos las categorías de la comunicación comentadas en los capítulos previos dentro de explicaciones modelo de mensajes específicos. Pero, claro, dada la naturaleza de este libro –una impresión en papel– nos veremos obligados a tratar en exclusiva materiales gráficos. Contando con esta limitación, se invita al lector a generalizar discretamente los procedimientos desarrollados y a aplicarlos a cualquier tipo de comunicación.

La primera regla de oro del análisis de la comunicación es que no se puede esperar que nuestros análisis sean neutrales. La producción del significado es una relación social, y toda relación social implica posiciones e intereses potencialmente divergentes. Ello no obsta para que aspiremos a construir explicaciones objetivas en la medida de lo posible. En este sentido, los mejores análisis son aquellos que tratan de reunir toda la información disponible en argumentos bien formados. Nos limitamos a enfatizar algo que pensamos que es obvio: No se debe confundir la meta de la enunciación objetiva con un imperativo a ser neutrales. Fijémonos, si no, en las prácticas habituales del sistema judicial.

El ideal que se persigue en las sentencias judiciales es que estén basadas en lo que verdaderamente ocurrió. Para conseguirlo se escuchan intervenciones a favor y en contra de los enjuiciados. Y aunque se pide a los testigos que emitan de buena fe sus declaraciones, se parte del supuesto de que hay tantos factores que intervienen en la percepción y en el raciocinio de las personas que la neutralidad es improbable, por no decir imposible. En un momento posterior, son los miembros del jurado los que deciden –dialogando y reconstruyendo el suceso a partir de los testimonios oídos y las evidencias presentadas– la inocencia o la culpabilidad de los acusados. La objetividad es, en definitiva, una aspiración individual que se realiza socialmente, una labor colectiva que se lleva a cabo mediante la colaboración de un gran número de personas cuyas intenciones e intereses pueden ser contrapuestos. El corolario es que si estamos interesados en alcanzar un conocimiento objetivo, lo fundamental es habilitar un entramado institucional que promueva la autonomía y responsabilidad social de los participantes en la búsqueda de la verdad.

La segunda regla que debemos retener es que cada mensaje exige su propio método. Los análisis genéricos suelen desembocar en una repetición mecánica de estereotipos y en explicaciones triviales. Podríamos decir que la búsqueda de la objetividad requiere cierta integridad ética que se ha de manifestar en el respeto por aquello que estamos analizando, por su concreción y particularidad. Y no se trata de que haya que prescindir de las valoraciones promovidas por el gusto dominante, sino más bien, de tomar conciencia de su influencia en forma de automatismos apreciativos.

Se puede afirmar, incluso, que el respeto por el objeto investigado es la prueba del algodón que permite distinguir las explicaciones de las opiniones. Ambas valoran e interpretan, pero las explicaciones exigen de los practicantes tiempo y atención, mientras que las opiniones suelen consistir en reacciones espontáneas. Se entiende, entonces, que el analista preocupado por el enjuiciamiento razonado de la comunicación parta de una inspección detallada del mensaje que es objeto de su atención. Y para este menester pensamos que es de gran utilidad acercarnos al mensaje como si fuera resultado de la agregación de varias capas desligables analíticamente.

4.1   Los niveles de análisis

En el cuadro 9 presentamos un esquema de los distintos niveles implicados en el análisis crítico de los mensajes estéticos. Yendo de izquierda a derecha en el cuadro, observamos que el nivel base es el que atañe a la naturaleza de los significantes utilizados, pues si no hay una comprensión adecuada del mensaje no hay comunicación cierta ni posibilidad de crítica. En una segunda capa, la de la retórica, encontramos todos aquellos dispositivos y estrategias que se han trazado a lo largo del tiempo con el objetivo de deleitar, persuadir o conmover a los receptores. Un tercer plano lo forman las convenciones o fórmulas estables –tanto de forma como de contenido– que se han empleado históricamente para contar relatos, promover ideas y suscitar emociones. Aquí estamos aludiendo, por tanto, a los géneros estéticos o artísticos. Y en un último nivel, observamos todo el complejo engarce del ámbito estético con el resto de componentes de la vida para dar lugar a eso que denominamos cultura.

El núcleo significante.   La producción del significado se ha venido comentado con cierto detenimiento en los capítulos previos. En particular hemos de prestar atención a las observaciones contenidas en el capítulo 3. Ahora bien, con independencia de los tipos de signos utilizados, una descripción completa de un mensaje ha de incorporar consideraciones de carácter sistémico que hemos reunido bajo las categorías de *estilo* y *tono*.

El estilo hace referencia, por un lado, a una utilización peculiar de los medios expresivos que están a disposición de un emisor en un momento determinado de la evolución de las formas artísticas. Por esta razón, podemos hablar del estilo del Greco o de cualquier otro pintor, e incluso asignar tal o cual texto escrito a un determinado autor con sólo inspeccionar sus rasgos formales. No cabe duda que estamos hablando de una categoría de difícil concreción pues afecta a multitud de aspectos del mensaje analizado. Afortunadamente, la experiencia desarrolla capacidades intuitivas en el analista que le permitirán hacer evaluaciones estilísticas certeras.

Por otro lado, también podemos hablar del estilo característico de un conjunto de obras producidas por distintos autores. En esta acepción, la noción de estilo se vuelve más abstracta –en el sentido de omnicomprensiva–, ya que estamos señalando la presencia de rasgos comunes en géneros específicos, movimientos artísticos o, incluso, la generalidad de los productos estéticos de una época histórica determinada. De tales rasgos comunes derivan las etiquetas de, por ejemplo, 'estilo renacentista' y 'barroco', o 'impresionismo' en pintura y 'modernismo' en poesía. En estos casos, los rasgos estilísticos se acercan a auténticos *estereotipos* que suelen manifestar una misma *cosmovisión* o, alternativamente, una *mentalidad* compartida.[1]

En cuanto a la noción de tono, ya la introdujimos al hablar del modo ensayístico en el capítulo 2. Ahora generalizamos para cualquier mensaje la idea básica que recogimos allí. Por tanto, al hablar del tono de un mensaje estamos pensando en la relación que un autor establece con aquello que comunica. Como se recordará, además, emparentamos el tono con la focalización, por lo que debemos señalar que, en el caso concreto de una narración, la actitud del autor puede o no coincidir con la postura del narrador respecto de los personajes y, en general, con todo lo narrado –que es en lo que consiste básicamente la focalización–.

Lo dicho sobre el estilo se puede decir del tono, es un asunto difícil de precisar. De aquí que suela ser habitual aproximarse al tono mediante categorías cualitativas como distante o afectado, cálido o irónico, seco o íntimo, humorístico o frío, etc. La clave del tono reside, en todo caso, en la distancia que el autor establece con la materia tratada. Puede ser útil, por este motivo, recordar lo que el escritor español Ramón del Valle-Inclán propuso sobre las maneras de ver el mundo artística o estéticamente. A saber, el creador puede observar a sus personajes de rodillas y considerarlos como dioses o héroes a la manera de la epopeya clásica. También los puede observar como si fueran de su propia naturaleza, al mismo nivel, de pie junto a ellos. Según Valle-Inclán, este es el proceder de Shakespeare. Finalmente, el creador puede elevarse respecto de sus personajes y observarlos desde el aire para verlos como figurillas cómicas, pueriles o patéticas. Desde esta última distancia, los dioses clásicos se convierten en personajes de sainete. De creer a Valle-Inclán, esto es lo que hace Cervantes con sus personajes en *El Quijote*.[2]

---

[1] El concepto de mentalidad es más amplio que el de cosmovisión, de forma que una misma mentalidad acoge cosmovisiones distintas potencialmente en conflicto. Como señala Jacques Le Goff, la mentalidad opera al nivel de los automatismos cotidianos. Nos las habemos, por tanto, con contenidos mentales comunes a la generalidad de las personas coexistentes en un tiempo y lugar dados (169).

[2] Rodolfo Cardona y Tony Zahareas incluyen el texto de Valle-Inclán en que aparecen estos comentarios en el libro consignado en la bibliografía (207--208).

NIVELES DE ANÁLISIS

El Núcleo Significante	Las Estrategias Retóricas	Los Géneros Estéticos	La Cultura Englobadora

• *Estilo*
• *Tono*
• *Lenguaje*
   ♦ Léxico
   ♦ Morfología
   ♦ Sintaxis
	• *Tropos*
	• *Figuras retóricas*
	• *Estructuras profundas*
		• *Modos de la comunicación*
		• *Medios expresivos*
			• *Mentalidad*
			• *Cosmovisión*
			• *Sesgo ideológico*
			• *Sesgo utópico*

Cuadro 9

Los niveles de análisis de la comunicación estética

No podemos dejar pasar por alto, finalmente, dada la relevancia que el lenguaje hablado o escrito tiene en la comunicación estética, la necesidad de hacer una referencia explícita a los tres ejes en que se debe mover simultáneamente el análisis de los signos lingüísticos. Así, sea cual sea el texto analizado y el objetivo particular de nuestro análisis, nuestra investigación siempre será resultado de una debida atención tanto al vocabulario –*léxico*– como a las estructuras gramaticales presentes en los textos. Y por estructuras gramaticales nos referimos concretamente tanto a la forma de las palabras –*morfología*– como a la manera en que estas se coordinan entre sí –*sintaxis*–. Tendremos oportunidad de ejemplificar estos ejes en los análisis modelo que presentaremos en este capítulo.

Las estrategias retóricas. A este nivel analizamos cómo los significantes se usan en un sentido distinto del que propiamente les corresponde –*tropos*–, para lo cual resulta importante establecer una distinción entre el *significado literal* y el *significado figurado* de los signos. El significado literal deriva de la denotación de los signos, mientras que el figurado se alimenta de las connotaciones asociadas con las denotaciones. Como se puede ver en el glosario recogido al final del libro, los tropos centrales son la *metáfora,* la *metonimia* y la *sinécdoque*. Tendremos oportunidad de investigarlos a lo largo del capítulo.

Las *figuras retóricas*, como recoge el *DRAE*, refieren a modos de hablar o escribir que se apartan de los usos habituales de la lengua, y ello con un fin expresivo o estilístico. En el glosario final recogemos las figuras retóricas más usadas o, al menos, las más fácilmente reconocibles. Cabe añadir que las figuras retóricas afectan tanto a los vocablos aislados como a las combinaciones de palabras. A veces, lo que le interesa al rétor es jugar con los significados. Mientras que en otras ocasiones el interés reside en el manejo efectista de los sonidos o de la ordenación de las voces.

Finalmente, cuando hablamos de *estructuras retóricas profundas*, nos estamos refiriendo al uso de estrategias retóricas que afectan a la totalidad del mensaje investigado. Su función es, por tanto, sistémica y su presencia en el texto puede ser más o menos conspicua. Un primer aspecto de interés es que el análisis de estas estructuras no se puede desligar del análisis del tono y el estilo. Un segundo asunto es que, como norma general, las estructuras profundas suelen incidir en la disposición y ordenación de los mensajes. Se explica, por eso, que todas las variables que comentamos al hablar del *relato* en el modo narrativo, o de la *oración* en el modo lírico, o del *discurso* en el modo ensayístico, puedan estar implicadas en la elaboración de este tipo de estrategias. Recogemos, no obstante, algunas de las más habituales en el glosario final del libro.

Los géneros estéticos. Si pensamos en los tres *modos de la comunicación* –narrativa, lírica y ensayística– y en las distintas formas estables que se han ido forjando a lo largo del tiempo para transmitir y disponer historias, ideas y emociones, estamos en realidad discurriendo acerca de los géneros estéticos o artísticos. Estas formas estables combinan convenciones de forma y contenido durante periodos variables, como nos enseña la historia de la comunicación estética. Por ejemplo, géneros como la novela pastoril en castellano subsistieron menos de cien años, mientras que la existencia de la denominada novela moderna se acerca ya al medio milenio.

Una de las razones que explica la gran variedad de géneros se encuentra en la utilización creativa de nuevos *medios expresivos*. Es fácil observar que el desarrollo de la imprenta coincide con la aparición de algunos de los géneros modernos más importantes. Y lo mismo se puede decir del surgimiento de la prensa periódica y su conexión con el melodrama, o de la televisión con la telenovela, etc. No obstante, conviene no confundir correlación con causación. Así, la aparición de la novela moderna no se debe necesariamente a la invención de la imprenta, pues de hecho el género comienza su andadura en países que, como España, no tenían la infraestructura de impresión más sofisticada de Europa. Sí es lícito afirmar, sin embargo, que la amplia diseminación y éxito de público del género debió mucho a la rápida expansión de la impresión a base de caracteres móviles.

La cultura englobadora.   Explicar cómo se acomoda el mensaje artístico con el resto de componentes de la cultura es asunto tremendamente complejo. Por esta razón, hemos decidido consagrar la próxima sección a un comentario más detallado de esta dimensión primaria de los artefactos estéticos.

4.2   La cultura

En la cultura confluyen los distintos niveles implicados en la comunicación estética que acabamos de reseñar. Esto es así porque hemos partido de una definición amplia pero precisa del concepto, la que propuso en su momento el filósofo Carlos París: «La cultura significa la consideración unitaria de los variados aspectos de la vida humana colectiva, desde sus bases biológicas y ecológicas hasta los sistemas de creencias y representaciones del mundo en una sociedad determinada» (220). Como se podrá apreciar, hemos desbordado el campo semántico delineado por expresiones como *alta* o *baja cultura*, en que se hace referencia exclusivamente a determinados productos estéticos; y, también, el contenido en expresiones que como *tener* o *no tener mucha cultura* se utilizan para especificar el nivel de conocimientos de tal o cual persona. De hecho, nuestra definición tiene alcance antropológico general, ya que incorpora todos los ámbitos de actividad característicos de cualquier sociedad.

La opción por este entendimiento de la cultura descansa, primero de todo, en la propia *cosmovisión* de quien esto escribe.[3] Además, es útil para introducir un par de conceptos interrelacionados que, junto con el de cosmovisión, facilitarán nuestra labor crítica. Me refiero a las nociones de *sesgo ideológico* y *sesgo utópico*, un par de calificativos que aplicaremos a los mensajes una vez los hayamos analizado adecuadamente. Ahora, en relación con el primer punto, mi cosmovisión se puede considerar monista dado que no establece una separación ontológica entre cultura y naturaleza o entre cuerpo y mente o, por utilizar una comparación quizás más asequible, entre el *hardware* y el *software* de la vida. La figura 12 expresa, precisamente, esta perspectiva con un sesgo utópico.[4] Por este motivo, el diagrama propone que una vida digna de ser vivida –la *buena vida*– sólo tiene sentido si tomamos en consideración los límites planetarios, o sea, la finitud de los recursos disponibles. La misma perspectiva también se muestra en la inseparabilidad que establezco entre el *bienestar subjetivo* y la satisfacción de las *necesidades humanas básicas*. Con otras palabras, pienso que el bienestar subjetivo es pura ilusión si las necesidades básicas no están adecuadamente cubiertas.

Por otro lado, cuando digo que la figura 12 presenta un sesgo utópico me estoy refiriendo a otro aspecto bien distinto que aclaro a continuación. Los componentes del diagrama y la interrelación que se establece entre ellos tienen *sesgo utópico* porque cubren la distancia que hay entre el orden social realmente existente en la actualidad y el que tendría que existir si nos tomáramos en serio una buena vida ecológica y socialmente responsable. De otra manera, y generalizando, decimos que un mensaje tiene un sesgo utópico cuando implícita o explícitamente aboga por una sociedad alternativa a la existente en un momento dado.[5] Pero, obviamente, hay otras opciones posibles.

En teoría, también podemos partir de una cosmovisión monista que incorpore un sesgo que no sea utópico. Si el objetivo de un mensaje fuera el de mantener el *status quo*, o sea, el de legitimar el funcionamiento de la sociedad y sus relaciones de poder, estaríamos en presencia de un *sesgo ideológico*. Como señala López-Aranguren, la "ideología tiene una función de legitimación del sistema de autoridad existente y una función de integración de una comunidad, mientras que la utopía tiene una función de subversión" (2). En resumidas

---

[3]El término 'cosmovisión,' que refiere a la manera de ver e interpretar el mundo, ya se introdujo en el capítulo 2 cuando discutimos el modo ensayístico. Se aconseja repasar esos comentarios para precisar el alcance con que se usa aquí el término.

[4]Adaptado de Fernando Prieto (4).

[5]En relación a la diferencia entre sesgo utópico y sesgo ideológico y la discusión que aquí presento consultar el artículo de Eduardo López-Aranguren recogido en la bibliografía. La distinción deriva del sociólogo Karl Mannheim.

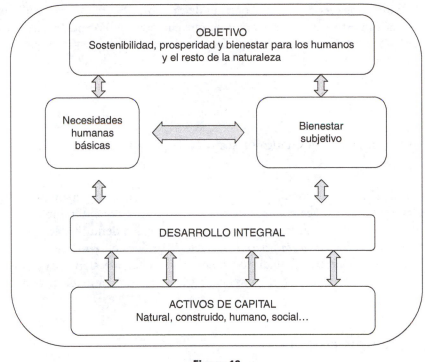

Figura 12

La buena vida y los límites planetarios

cuentas, podemos introducir un sesgo ideológico en la figura 12 retocando, por ejemplo, el objetivo. Así, alguien podría sugerir que la sostenibilidad solo es viable si distribuimos los recursos limitados del planeta en forma desigual, que es lo que ocurre en la actualidad. Otra alternativa podría consistir en manipular el significado de los conceptos utilizados en la figura 12 de forma que se evite confrontar tanto las condiciones actuales de pobreza como el proceso de deterioro del medio natural.

Llegados a este punto, hay que subrayar con mucho énfasis que la actividad comunicativa cumple un papel central en todos los subsistemas de la cultura, o sea, en todas las interacciones humanas y en las distintas actividades que caracterizan nuestra relación con las bases ecológica y biológica. Pues bien, teniendo en cuenta que la comunicación estética no es más que un subsector de la comunicación en general, habrá que ver si cumple alguna función especializada que le sea específica.

Nuestra propuesta es que, sin cuestionar el dato de que todos los subsistemas que componen la cultura están interrelacionados, lo más específico de la comunicación estética es su habilidad para promocionar estados mentales conducentes al *bienestar subjetivo*. Lo que explica esta función es una característica clave de los mensajes estéticos, a saber, su propensión a circunscribirse a una lógica puramente representacional. Así, mientras que el planeta y la vida tienen límites materiales que no se pueden obviar, la operatividad de los significantes puede prescindir de ellos y, por ejemplo, permitir la representación de una civilización de seres inmortales o reencarnables que se ha expandido por todos los confines del universo en busca de recursos que parecen inagotables. Asimismo, recordando lo dicho en nuestra discusión del modo narrativo, mientras que el tiempo de la vida es unidireccional, cualquier narración puede manipular la sucesión de las acciones para convertir al lector en un viajero virtual del tiempo, en un *eternauta*. Y así podríamos seguir dando otros muchos ejemplos. En definitiva, dada la retroalimentación que en el diagrama establecemos entre las *necesidades humanas básicas* —derivadas de nuestra dotación biológica— y el *bienestar subjetivo* —estados mentales—, puede ocurrir que la gente se considere feliz al tiempo que pasa calamidades sin fin. En esta situación, que es bastante frecuente en nuestro tiempo, la insatisfacción de las necesidades básicas se contrarresta con ilusiones o resignación, y este es el proceder básico de los mensajes estéticos con sesgo ideológico.

Por supuesto, no es que estemos abogando por limitar innecesariamente la capacidad representativa de los mensajes estéticos. Al fin y al cabo, la orientación utópica también descansa en la peculiar maleabilidad de los signos. Más modestamente, nos preocupa la elaboración de categorías prácticas que faciliten el análisis crítico de la producción estética. En este sentido, insistimos en que cualquier intervención estética se hace desde una cosmovisión que puede ser más o menos explícita.[6] Y se hace, además, con un sesgo que puede ser ideológico, utópico o una combinación de ambos. El análisis de estas dimensiones redunda en una explicación multiperspectivista del hecho estético que permite dirimir

- Si la comunicación estética funciona o no como mero paliativo dirigido a promover un bienestar subjetivo insubstancial
- Y, también, si la comunicación estética ofusca o no la percepción de la realidad social y natural que habita el receptor

Fijémonos en que el primer punto tiene que ver con la manera en que las personas se perciben a sí mismas, y el segundo, con el modo en que se acercan mentalmente a lo que las rodea. Y también, en que ambos aspectos influyen decisivamente en el quehacer diario de tales personas. En definitiva, la comunicación estética es una herramienta eficaz para *administrar la percepción*; y que se utilice con *responsabilidad* es una elección del creador a la que puede o no *renunciar*. El analista debe estar simplemente alerta para subrayarlo, para lo cual debe poner en evidencia las conexiones que el mensaje mantiene con determinada cosmovisión y tales o cuales sesgos.

4.3 Análisis de *Heraclio*

Voy a utilizar este relato del escritor español Rafael Sánchez Ferlosio para presentar la primera explicación modelo. Se trata de una narración muy corta con gran capacidad para conmover al lector. Recordemos, además, que ya le dediqué a este texto un breve comentario en el capítulo 2 para ejemplificar el concepto de focalización.

Primero de todo, hay que tener en cuenta que la labor crítica se debe entender como un proceso mediante el cual el lector transita desde una lectura factual o identificativo-emocional a una lectura analítico-sintética. Pues bien, este proceso comienza con la comprensión del texto, se continúa con su inspección y concluye con una exposición interpretativa.

La *comprensión* de un texto se basa en el dominio que el lector tiene de los códigos incorporados a la emisión. Me refiero, con ello, a la capacidad lingüística o, en sentido más general, a la pericia semiótica del lector. Esta pericia se debe complementar, además, con una adecuada familiaridad con el sentido común prevalente en el contexto de emisión, pues de ella depende el sobrentendido, es decir, todo aquello que no se ha explicitado en el mensaje acerca de la cultura, mentalidad y cosmovisiones que lo hicieron posible. De hecho, el desacoplamiento derivado del choque con un sentido común extraño puede producir dificultades graves de comprensión. En el caso concreto de una narración, por ejemplo, el distanciamiento y la identificación del lector con los personajes de una narración se pueden ver entorpecidos sin un acceso espontáneo al sobrentendido. De este tipo de incomprensión deriva la imposibilidad de implicación emocional en los acontecimientos narrados que a veces experimentamos como lectores o espectadores.

Podemos atisbar lo comentado en el uso del adverbio «evidentemente» en *Heraclio*. La palabra solo tiene sentido si Sánchez Ferlosio presupone que el lector sabe cuál es la manera tradicional de matar a los perros en las zonas rurales castellanas. Todavía en la actualidad la práctica de ahorcar a los perros sigue siendo común, aunque ilegal, en Castilla, ya que muchos cazadores se deshacen así de sus galgos en cuanto comienza la temporada de veda. En definitiva, si suponemos un lector con ese conocimiento, al llegar a la frase «un perro grande, un mastín, que arrastraba un trozo de cuerda que traía atado al cuello», es probable que genere como hipótesis el ahorcamiento fallido del animal. El asunto queda bien preparado, además, por el contraste que se establece a lo largo de la oración entre el tamaño del perro –grande, mastín– y el de la cuerda –solo un trozo–.

En cuanto a la posibilidad de que el lector desarrolle una *exposición interpretativa* lo más completa posible, ello va a depender de su capacidad para realizar una *inspección* acertada del mensaje que se propone explicar. El

---

[6]En conexión con este punto, recordemos las nociones de sobrentendido y entimema introducidas en capítulos previos. El creador siempre cuenta con los contenidos mentales de los lectores para construir mensajes que sean eficientes y funcionales.

objetivo de la inspección es atender a la especificidad del texto o artefacto cultural. Para conseguirlo, debemos determinar cuáles son las principales variables relacionadas con el *mensaje* y los *signos* –vistas en los capítulos 2 y 3– que el producto cultural en cuestión despliega para implicar al receptor en una interacción comunicativa provechosa. El momento de la inspección es también la oportunidad para pensar cómo vamos a incorporar el análisis de las variables semióticas a nuestra argumentación interpretativa. En el caso concreto de *Heraclio*, podemos resaltar los siguientes aspectos:

- El dato más obvio es que se trata de una narración. El uso del focalizador juega un papel central para manipular la distancia espacial y emocional entre los protagonistas del relato.
- También encontramos una meditación sobre qué sea una vida digna de ser vivida. El texto incorpora una pregunta –«¿qué vida?»– que se responde indirectamente con una descripción de la gestualidad del mastín para concluir con una nueva pregunta acerca de si esa manera de estar en el mundo «¿podía ser todavía la vida?». En términos ensayísticos, merece la pena contrastar el tono objetivo de la primera mitad del texto con el tono subjetivo de la segunda. Este contraste se puede visualizar fácilmente mediante el uso de herramientas digitales disponibles en la Red como *Cirrus (Voyant Tools)*, que permiten ubicar las palabras a lo largo del texto analizado. Así lo hacemos en los diagramas 1 a 5 con algunos adjetivos después de dividir el texto de *Heraclio* en 10 segmentos. Podemos considerar la palabra 'ahorcado', que se encuentra en el segmento 6, como el momento de transición entre el tono objetivo y el subjetivo. Antes de esta palabra, o a la izquierda según el diagrama, encontramos los adjetivos 'ondulantes' y 'grande' en los segmentos 3 y 5 respectivamente. Y a la derecha, los adjetivos 'cansado' en el segmento 7 y los adjetivos 'baja', 'tristes' y 'entrevelados' agolpados en el segmento 8. Si además inspeccionamos el sustantivo 'vida', que aparece en tres ocasiones como se puede observar en el diagrama 6, observaremos que su presencia se localiza en los mismos segmentos en que aparecen los adjetivos relacionados con la gestualidad de la derrota, la impotencia y la desesperanza, es decir, en los segmentos 7 y 8.
- En términos líricos, se puede subrayar, por un lado, que los cambios en el focalizador narrativo se refuerzan y coinciden con cambios en el focalizador emocional. La combinación de ambos focalizadores posibilita que un texto muy corto despliegue un flujo emocional tan potente como para producir una catarsis en el lector al obligarle a ocupar la posición vital del mastín en el momento en que concluye el relato. Por otro lado, el patrón emocional no ofrece ninguna consolación fácil al lector. En concreto, el poso emocional que induce la conclusión de la historia se tiñe de melancolía, esa emoción asociada con la tristeza que suele acompañar a la toma de conciencia de la falta de sentido de la vida cuando esta se caracteriza por la indiferencia y la injusticia.

Estos componentes que acabo de resaltar constituyen un buen soporte para una interpretación argumentada sólidamente. Pero, obviamente, podríamos seguir añadiendo más aspectos de interés. Así, podríamos obtener buenos réditos de un análisis del género al que pertenece *Heraclio*, el microrrelato, que es un subgénero narrativo que hunde sus raíces en la tradición del apotegma. Puesto que una característica sobresaliente del

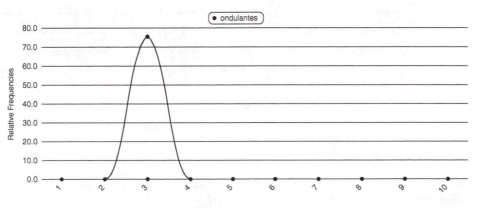

Diagrama 1
Distribución y frecuencia de 'ondulantes'

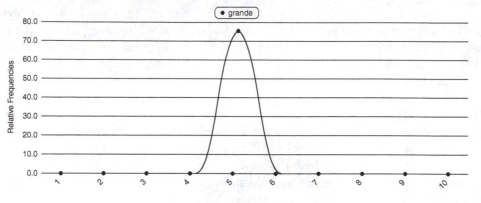

Diagrama 2

Distribución y frecuencia de 'grande'

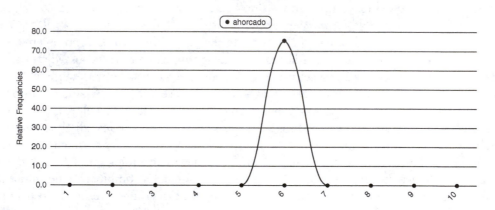

Diagrama 3

Distribución y frecuencia de 'ahorcado'

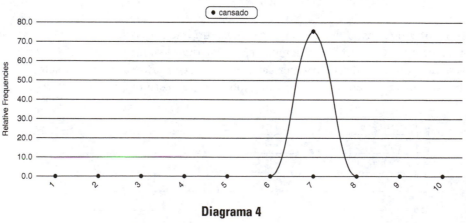

Diagrama 4

Distribución y frecuencia de 'cansado'

género es el uso y abuso de la agudeza entendida en términos de la búsqueda de la *sorpresa*, ¿qué sentido tiene que Sánchez Ferlosio elija como registro emocional la *tristeza*?

Claro está, una respuesta completa a esta pregunta exigiría incorporar a nuestro análisis textos adicionales de la obra de Sánchez Ferlosio, pues lo que es posible observar en *Heraclio* no es más que la puntita de ese

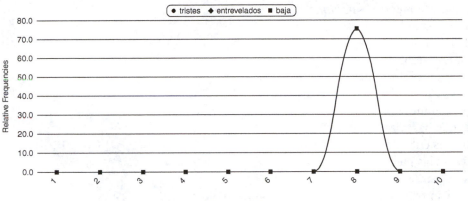

Diagrama 5

Distribución y frecuencia de 'baja', 'tristes' y 'entrevelados'

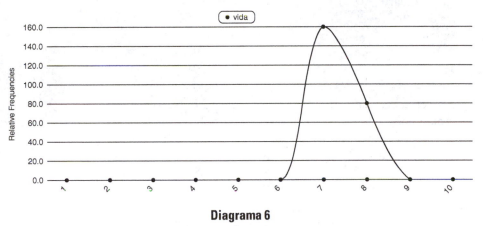

Diagrama 6

Distribución y frecuencia de 'vida'

iceberg en que consiste la cosmovisión y sesgos típicos de este escritor. Pero sin necesidad de ir muy lejos, el cuento nos ofrece la oportunidad de explorar temas como los dos siguientes:

i. La agencia moral de los animales –o, con otras palabras, el asunto de si los animales pueden o no ser sujetos de derecho–.
ii. La reflexión –facilitada por una lectura alegórica– sobre el sentido de la vida en una situación caracterizada por lazos de dependencia, subordinación y explotación. Me estoy refiriendo a la relación del mastín con ese dueño que intentó ahorcarlo una vez que, podemos suponer, el animal dejó de ser útil.

Con estos dos temas entraríamos, por tanto, en el complejo engarce del cuento, primero, con la obra de Sánchez Ferlosio en su conjunto; segundo, con la de otros autores del campo literario español en el que se inscribe la obra del autor; y, tercero, con la cultura englobadora.

4.4   Análisis de *El enamorado y la muerte*

Voy a utilizar este poema publicado en el siglo XVI para la segunda explicación modelo. Se trata de un romance, el mismo tipo de poema que el titulado *Irme quiero* que vimos en el capítulo 3. El que presento ahora es también anónimo. Como es habitual, la rima es asonante en los versos pares, con versos impares no rimados. No hay estrofas, pero si tiradas con un número variable de versos que mantienen los mismos sonidos de la rima.

El enamorado y la muerte (*Anónimo*)[7]

Un sueño soñaba anoche,	8	ø	1
soñito del alma mía,	8	a	2
soñaba con mis amores,	8	ø	3
que en mis brazos se dormían.	8	a	4
Vi entrar señora tan blanca,	8	ø	5
muy más que la nieve fría.	8	a	6
—«¿Por dónde has entrado, amor?	8	ø	7
¿Por dónde has entrado, vida?	8	a	8
Cerradas están las puertas,	8	ø	9
ventanas y celosías.»	8	a	10
—«No soy el amor, amante:	8	ø	11
la Muerte que Dios te envía».	8	a	12
—«Ay, Muerte tan rigorosa,	8	ø	13
déjame vivir un día».	8	a	14
—«Un día no puedo darte,	8	ø	15
una hora tienes de vida».	8	a	16
Muy deprisa se calzaba,	8	ø	17
más de prisa se vestía;	8	a	18
ya se va para la calle,	8	ø	19
en donde su amor vivía.	8	a	20
—«¡Ábreme la puerta, blanca,	8	ø	21
ábreme la puerta, niña!».	8	a	22
—«¿La puerta cómo he de abrirte	8	ø	23
si no es la hora convenida?	8	a	24
Mi padre no fue a palacio,	8	ø	25
mi madre no está dormida».	8	a	26
—«Si no me abres esta noche	8	ø	27
ya no me abrirás, querida.	8	a	28
La Muerte me anda buscando,	8	ø	29
junto a ti vida sería».	8	a	30
—«Vete bajo la ventana	8	ø	31
donde bordaba y cosía,	8	a	32
te echaré cordel de seda	8	ø	33
para que subas arriba,	8	a	34
si el cordón no alcanzare	8	ø	35
mis trenzas añadiría».	8	a	36
Ya trepa por el cordel,	8	ø	37
ya toca la barandilla,	8	a	38
la fina seda se rompe,	8	ø	39
él como plomo caía.	8	a	40
La Muerte le está esperando	8	ø	41
abajo en la tierra fría:	8	a	42
—«Vamos, el enamorado,	8	ø	43
la hora ya está cumplida».	8	a	44

Comprensión.   He modernizado la ortografía y puntuación por lo que, en general, el poema se lee con facilidad. La comprensión cultural es más compleja cómo iré comentando a lo largo del análisis, aunque el asunto a retener es cómo se ha ficcionalizado a lo largo del tiempo el conflicto entre la pasión amorosa entendida como

---

[7]Romance del siglo XVI recogido por Manuel Milá y Fontanals, aunque adaptado (211–212).

Nube 1
El enamorado y la muerte

pulsión individual desordenada y la normatividad social dominante. La postura básica del poema con respecto al choque entre deseo y convención se puede visualizar rápidamente utilizando otra de las herramientas disponibles en *Cirrus*. Efectivamente, si echamos un vistazo a la nube 1, que recoge todas las palabras del poema correlacionando tamaño y la frecuencia con que se usa la palabra, observaremos que entre las más usadas se encuentran «no», «muerte» y «amor». Se entiende, pues, que el título del romance asocie el enamoramiento con la muerte.

Inspección.   Una lectura rápida del poema indica que estamos en presencia de una narración.[8] Y, como es habitual en las narraciones que utilizan como medio la palabra escrita, encontramos una historia que se comunica mediante el dispositivo del narrador. En concreto, se nos cuenta linealmente la historia de un joven que, mientras sueña con su amada, se ve interrumpido por la llegada de la Muerte. Al darse cuenta de quién es su visitante, trata de ganar tiempo para poder ver a su amor por última vez. La Muerte le concede una hora. Rápidamente se dirige a la casa de la joven para convencerla de que le deje entrar en su aposento para hacer el amor por última vez. Cuando está subiendo al primer piso de la casa –donde la amada tiene su habitación– gracias a un cordón de seda que ella le ha echado, se rompe el hilo y el joven muere al impactar contra el suelo. La hora de vida que le quedaba concluyó sin que pudiera satisfacer su último deseo.

Hurgando un poco más en el poema, hay una serie de aspectos relacionados con la manera de narrar la historia que conviene subrayar:

- Este romance tiene una estructura narrativa más complicada de lo normal. Hay dos narradores. El primer narrador interviene en las líneas 1 a 6, mientras que el segundo lo hace en las líneas 17–20 y 37–42. El primero es un narrador en primera persona no omnisciente. Se trata del joven protagonista que habla de cómo su sueño se ve interrumpido por la llegada de la Muerte. Su focalización no es omnisciente porque al principio cree que la Muerte es su amada y solo cuando le habla la Muerte el joven se da cuenta de su error. El segundo es un narrador en tercera persona que focaliza externamente. Otro dato de interés es que ambos narradores combinan los tiempos presente y pasado para dar más dinamismo y presencia visual a la acción. Por último, también resulta llamativo que habiendo muerto el joven, este sea capaz de narrar su historia utilizando el pasado. ¿Está narrando desde el otro mundo como en *Sunset Boulevard* (Billy Wilder, 1950) lo hace el protagonista de la película mediante una analepsis? Quizás no, pues hay otra posibilidad: Que todo no haya sido más que un sueño, una pesadilla, y que el final de la narración sea su momento culminante.

[8]Puede ser útil comentar de pasada que se suelen clasificar los poemas en líricos y narrativos, y que los dos rasgos que se suelen asociar con la poesía lírica son los siguientes: i. Poemas cortos, usualmente de no más de cincuenta o sesenta versos; y ii) poemas en los que la voz expresa, sin engarzarlos en una historia, sus sentimientos, pensamientos y opiniones.

- Igualmente es relevante el orden con que se entremezclan discurso narrativo y discurso directo de los personajes. El dato de interés es la simetría del relato:

Narrador 1ª persona	→ *Habla el joven*
Diálogo	→ *El joven y la muerte*
Narrador 3ª persona	→ *Sin identificar*
Diálogo	→ *El joven y la joven*
Narrador 3ª persona	→ *Sin identificar*
Diálogo	→ *Habla la muerte sin respuesta posible*

- La Muerte está personificada. Alegorizar conceptos o fenómenos complejos en forma de seres humanos es práctica habitual a lo largo del tiempo. En el caso concreto de la Muerte, esta se ha personificado de formas diversas, sea como hombre, mujer o esqueleto. No obstante, en el romance llama la atención que sea en figura de mujer joven y atractiva. Reparemos, además, en que la técnica de la personificación alegórica abre la posibilidad de una conexión dialógica entre los humanos y los entes animados o inanimados alegorizados.
- El uso de la antítesis es otra estrategia retórica clave. Al fin y al cabo, el joven se dirige a la señora blanca que interrumpe su sueño con el apelativo de «vida», y solo para que la señora conteste que en realidad se trata de la «Muerte». La antítesis vida-muerte se repite en dos ocasiones más, en los versos 13 y 14 y, por último, en los versos 29 y 30.

Exposición interpretativa.   Este poema narrativiza un tema prácticamente universal, los peligros del amor, la posibilidad de que detrás del amor aceche la muerte. Tradicionalmente, la literatura ha presentado el conflicto entre el individuo –deseo– y la sociedad –represión– mediante historias de amor que terminan mal. *El enamorado y la muerte* entra dentro de esta caracterización. Fijémonos, por ejemplo, en que hay momentos en que se puede hablar de una superación de la antítesis vida-muerte, de una fusión paradójica de esa oposición. Me refiero a la confusión o identificación de la joven con la Muerte. No sólo son ambas *blancas* y *jóvenes*, sino que, al final de la historia, el intento del joven por llegar hasta donde está la amada se convierte en un encuentro con la parca.

Y si nos preguntamos el porqué de tal muerte, habrá que pensar en la ilicitud del amor. Es decir, en cómo la satisfacción del deseo a corto plazo se presenta en forma de transgresión de ciertas reglas sociales que tienen por objetivo condicionar y posponer el goce amoroso y, junto con ello, facilitar la reproducción del *status quo* social. Resultado: Los dos jóvenes no están autorizados para buscar el placer y tienen que verse a escondidas de los padres de la chica –«mi padre no fue al palacio, mi madre no está dormida»–. El acceso a la joven se presenta, además, como una violación de la casa paterna, que es una cosificación del honor familiar –«ábreme la puerta, ábreme la puerta»–.

Y el tema del honor es especialmente relevante en el contexto de emisión del romance. Por la posible actividad del padre –suele ir a «palacio»– y por el hecho de que la casa donde ella vive tenga dos pisos, podemos inferir que la familia es rica y noble –en la edad media y en la primera modernidad ambas cosas suelen ir juntas–. Placer y honor se contraponen, de aquí que el acceso a la casa paterna sea la causa inmediata de la muerte: La obtención del placer conllevaría la destrucción del honor del *pater familias* y, junto con ello, de la posición social de todos ellos.

La historia utiliza, como se ha apuntado, el juego y el cambio de narradores para establecer con claridad que quien parece tener el control de la historia al principio de la narración –el joven– termina perdiendo ese control y, a lo que parece, la propia vida. No obstante, ya se ha señalado que hay cierta ambigüedad en la narración, pues no está claro si lo que ocurre es una pesadilla o no. La dificultad se encuentra en cómo alguien puede narrar estando muerto. Este elemento introduce incertidumbre en la historia y de hecho se opone a lo que parece ser, por otro lado, una historia con final cerrado. Tomar una decisión sobre este particular queda al albedrío del lector. No obstante, señalar que los romances más interesantes se caracterizan, como en este caso, por un uso muy sofisticado de la indefinición y la ambigüedad.

Finalmente, hay una lectura paralela a la señalada con anterioridad que añade aún más interés a este texto. Si identificamos el cordón de seda que une a la mujer y al joven con el cordón umbilical que une al feto con la madre, la ruptura del cordón sería interpretable como el comienzo de la vida. De esta manera la separación del joven con respecto a la mujer no significaría la muerte si no lo contrario, el comienzo de la vida en el mundo. Ahora bien, desde una perspectiva más psicoanalítica, el vivir sería una separación, una manera de morir, pues pasaríamos del confort y protección del útero materno a una realidad hostil en la que viviremos pero no necesariamente seremos felices.

4.5   Análisis de *El viejo celoso*

Para el tercer análisis modelo he elegido una obra de teatro de Miguel de Cervantes. Más específicamente, uno de sus entremeses, el titulado *El viejo celoso*. Los entremeses eran obras cortas de carácter cómico en un acto, y se constituyeron en género dramático a lo largo de los siglos XVI y XVII, siendo el propio Cervantes uno de los autores que más influyó en la sistematización de las convenciones del género. A principios del siglo XVII, época del entremés de Cervantes, no se representaban los entremeses de forma independiente, sino en los intermedios o al final de las «comedias». El orden de una representación teatral completa podía ser el siguiente:

1. Música, alboroto, loa o prólogo breve
2. *Primer acto de la comedia*
3. Entremés 1, u otra pieza corta
4. *Segundo acto de la comedia*
5. Entremés 2, u otra pieza corta
6. *Tercer y último acto de la comedia*
7. Música, danza o baile de máscaras

El espectáculo completo duraba aproximadamente tres horas y se utilizaba la luz solar a lo largo de toda la representación, por lo que el espectáculo comenzaba no mucho después del mediodía. La «comedia» era el plato fuerte del espectáculo, y a pesar de su nombre no era normalmente de carácter cómico. De hecho, el término se debe entender con el significado de representación teatral, pudiendo fluctuar su patrón emocional desde la típica comedia de enredo hasta la tragicomedia e, incluso, la tragedia.

El entremés de Cervantes que vamos a comentar está escrito predominantemente en prosa, pero a lo largo del mismo siglo XVII el entremés terminó por utilizar en exclusiva formas poéticas. La poesía era, además, el vehículo expresivo típico de los otros géneros teatrales del llamado teatro clásico español.

Comprensión.   Si una narración suele ser una historia contada por un narrador, un drama suele ser una historia contada a través del diálogo y las acciones de los personajes. En un drama, por tanto, hay historia pero no suele haber narrador. Por este motivo, el análisis de un drama empieza, como en el caso de cualquier narración, por el análisis de la historia, pero sustituye el análisis del narrador por el de los otros mecanismos propios del espectáculo teatral.

El drama objeto de nuestro análisis presenta la anécdota de cómo una joven consigue engañar a su viejo marido con la ayuda de su sobrina –que también es la criada de la casa– y de una vecina. Comienza con una conversación entre las tres mujeres centrada en la vida tan dura de tía y sobrina, pues se pasan todo el tiempo encerradas en casa. Llegan al acuerdo de intentar engañar al viejo usando la industria de la vecina. La acción sigue con una conversación entre el viejo y un amigo donde queda claro que las acusaciones de las jóvenes tienen razón de peso: El viejo vive amargado por sus propios celos y maldice la hora en que se metió en tamaño matrimonio, es decir, un casamiento con una mujer mucho más joven que él. El resto de la acción consiste en cómo las mujeres engañan al viejo gracias al uso de un guadamecí con una serie de figuras pintadas. La entrada de un mozo gallardo en la casa es el acontecimiento climático de la obra. La joven esposa holga con el joven prácticamente delante de las narices de su viejo marido. Al final el viejo no sólo queda engañado, sino que también queda como un tonto, pues no se entera de nada y todo el mundo se ríe de él por haberse casado con una mujer joven siendo como es celoso.

Al pensar en la comunicación del humor, debemos tener en cuenta que el más fácilmente comprensible es el que tiene su origen en la expresión corporal. De ahí que hubiera géneros cómicos muy populares en la época del cine mudo, o que la expresividad corporal de los payasos de circo sea suficiente para producir las carcajadas del público. Más problemático es el humor lingüístico, dificultoso de captar para los espectadores que no sean nativos de la lengua en que se expresa. Esta obrita de Cervantes presenta un repertorio amplio de situaciones cómicas, desde las puramente corporales hasta las más complicadas lingüísticamente. El espectador debe estar atento, por eso, al uso de la ironía, de los juegos de palabras y de los equívocos, medios todos que Cervantes moviliza para construir una sátira manejada con su característico sentido del humor. En definitiva, un ejemplo perfecto de lo que nuestro autor entendía por *enseñar deleitando*.

Inspección.   Al analizar la acción de un drama conviene distinguir aquellos aspectos que son propios de la *representación teatral* o *puesta en escena* de los elementos que son analizables a nivel del *texto dramático* que estamos leyendo. Clave aquí es el uso de la imaginación para determinar todo lo relativo a la organización del espacio de la representación, al uso de la voz por los actores, a sus movimientos por el escenario, a sus entradas y salidas, a las miradas de los actores, al vestuario, a la decoración, etc., etc. Igualmente, como ya se señaló en el capítulo 3, resulta muy útil distinguir la información que le llega al espectador a través de la vista de la que le llega a través del oído. Recomendamos encarecidamente, por tanto, que el análisis de los textos teatrales se complemente con el visionado de una representación escénica. En el caso concreto de *El viejo celoso* hay varias versiones disponibles en YouTube.

Un asunto de especial relevancia es el análisis de las acotaciones, dado que contienen información esencial para que los actores y el director de escena puedan producir los efectos dramáticos previstos por el autor. Ahora, como es habitual en el teatro barroco, las acotaciones de *El viejo celoso* son sencillas y refieren por la mayor parte a movimientos de los actores, a entradas y salidas de los personajes del escenario. No obstante, algunas de ellas explican la organización de una escena o el momento central de una escena. En estos casos las acotaciones explicitan ciertas acciones y colocación de objetos para mejor producir el efecto buscado por el autor. Consignamos a continuación otros aspectos de interés que conviene atender:

- La subdivisión de la acción en escenas depende de la acción total y de la necesidad de mantener la atención del espectador. Según mi cómputo, en *El viejo celoso* hay seis escenas. El paso de una escena a otra suele coincidir con las salidas y entradas de los actores al escenario. Cada escena es una parte autosuficiente dentro de la totalidad de la acción representada. Las tres primeras escenas establecen el escenario, presentan a los personajes centrales y exponen el conflicto: Los celos del viejo y el intento de la joven, con la ayuda de la vecina, de introducir a un hombre joven en la casa para hacer el amor con él. En la cuarta escena, Hortigosa, al desplegar el guadamecí delante de Cañizares, consigue introducir al Mozo en las habitaciones privadas de la joven Lorenza. En esta escena está, sin duda, el *clímax* de la acción. Todas las preocupaciones del viejo y los cuidados se hacen realidad y no sirven para nada, respectivamente. La escena quinta es la de la venganza de la joven. Mientras fuera del escenario se regodea con el Mozo, doña Lorenza va contando en voz alta lo que ve y lo que está haciendo para que su marido y los espectadores lo oigan. En un principio, el viejo no lo cree, aunque al final se dirige a la habitación —fuera del escenario— para cerciorarse. La última escena presenta la salida del Mozo de la casa —pasando por el escenario para que lo vean los espectadores—, la acusación de Lorenza a Cañizares de que es un viejo celoso que se preocupa por nada, la llegada del alguacil y el final de fiesta con un baile cantado. Las dos últimas escenas contienen el *desenlace* de la acción.
- Para explicar el funcionamiento de una narración hay que dedicar tiempo al análisis del diseño de los personajes. En el cuadro 10 presentamos una serie de variables en forma de árbol que puede ser de utilidad para llevar a buen término este menester. Los datos que aporta el desarrollo de este cuadro se deben reforzar con un análisis de las concordancias del texto utilizando programas disponibles en la Red como *Cirrus*. Así, al echar un vistazo a las concordancias, observamos lo siguiente:
  - La palabra «Lorenza» aparece en 57 ocasiones a lo largo del texto
  - La palabra «Cristina», 48
  - La palabra «Cañizares», 47
  - La palabra «Hortigosa», 45
  La frecuencia de aparición es una indicación aproximada de quién es quién en el reparto. En este caso, mi impresión —después de leer el texto y ver la representación— de que Lorenza es la auténtica protagonista

del drama coincide con el número de veces que aparece su nombre en las concordancias. El peso de los otros personajes también queda bien reflejado por la frecuencia con que intervienen en los diálogos de las distintas escenas. Por último, hay personajes que no aparecen con nombre propio específico, sino mediante una alusión a su función o rasgo central: «Compadre», «Mozo», «Alguacil» y los «Músicos».

- <u>Doña Lorenza</u>: Protagonista, joven de unos quince a dieciocho años, esposa de Cañizares y tía de Cristina, de familia sin muchos recursos económicos, lo cual explica su enlace matrimonial. Estos rasgos definen su identidad básica. Por otro lado, dado el registro cómico y satírico de la obra, se explica que no haya un desarrollo significativo de aspectos como la autopercepción del personaje o una complicada trayectoria

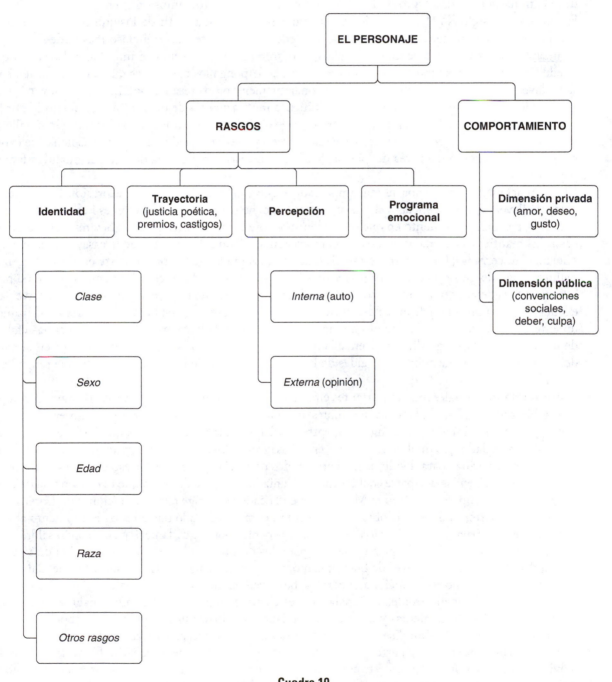

Cuadro 10

El personaje

vital asociada con unas experiencias emocionales determinadas. En cuanto al comportamiento, sí resulta revelador que el intento de Cañizares de confinar a su mujer dentro del espacio privado –encerrando bajo llave a tía y sobrina en la casa cada vez que el viejo sale de ella– termine con su infamia pública, es decir, con la pérdida de su honor. Las mujeres, por contra, se preocupan poco por las convenciones sociales y mucho por la necesidad de satisfacer deseos constantemente postergados.

- Hortigosa: Señora mayor, vecina de Lorenza y especie de celestina; es decir, se gana la vida vendiendo cosas por las casas y arreglando amoríos y desaguisados que se pueden seguir de ellos. Es un personaje de vieja raigambre en la tradición literaria española. Gracias a su edad y a sus actividades mercantiles tiene facilidad para acceder a los espacios privados.

- Cristina: Sobrina de Lorenza, es una niña de diez a doce años, aunque muy marisabidillas y precoz. No debe extrañarnos la edad tanto de Lorenza como de Cristina si tomamos en cuenta las costumbres de la época. En el siglo XVII era factible que las mujeres se casaran a partir de los quince años de edad –aunque parece ser que lo normal era casarse alrededor de los veinte años o incluso más tarde–.

- Cañizares: Señor mayor, sesenta o más años, rico, tremendamente celoso e impotente. Lo único que puede hacer para que su mujer, como se suele decir, no le ponga los cuernos es mantenerla cerrada bajo siete llaves, como aconseja el dicho. Si los personajes femeninos expresan la potencialidad subversiva del gusto y del deseo individual, Cañizares personifica la incongruencia de un sistema social regido por las convenciones de un código del honor centrado en exclusividad en salvar las apariencias. Un detalle de interés es la manera en que se caracteriza a Cañizares a través de su habla: Frases largas llenas de explicaciones. La imagen que se crea del personaje a través de este recurso es la de una personalidad fatua y petulante.

- El único actante –o, al menos, el más importante– que funciona a nivel de la expresión hablada es la palabra «llave». Hay referencias a «llave» o «llaves» en ocho ocasiones. Su función es indicar, primero, la situación de enclaustramiento en que se encuentran Lorenza y Cristina, pues Cañizares, llevado de sus celos, las mantiene encerradas como si fueran prisioneras. Todas las puertas de la casa, cuando el viejo sale, quedan cerradas, las ventanas están clavadas, etc. La gracia de la obra consiste en presentar –mediante el ingenio de Lorenza, Hortigosa y Cristina– la liberación del encarcelamiento, aunque no para huir, sino para dejar entrar a un Mozo dentro de la casa. En segundo lugar, el motivo de la llave sirve para explicar la causa profunda de los celos del viejo: Su impotencia sexual. Así lo expresa Lorenza utilizando un eufemismo basado en una metáfora fálica. El viejo guarda la llave maestra de la casa en las «faldas de la camisa», pero, como dice la joven, ella nunca fue capaz de encontrar ninguna «llave» en la parte del cuerpo del viejo que cubren las faldas de la camisa: «[J]amás le he visto ni sentido que tenga llave alguna».

- Hay dos actantes visuales muy importantes en esta obra: El guadamecí y el Mozo. El guadamecí cumple una doble función. Por un lado, es una representación pictórica de lo que está pasando en la obra de teatro, pues tiene pintadas varias figuras y, entre ellas, a un hombre embozado, que hace referencia, sin duda, al Mozo, dado que finalmente entrará en la casa *embozado* por el propio guadamecí. Por otro lado, el guadamecí se utiliza para dividir el escenario en dos partes. Así, mientras los espectadores son capaces de ver lo que pasa en las dos partes del escenario, Cañizares sólo puede ver lo que ocurre en una de ellas. El guadamecí le impide ver cómo el Mozo entra en la casa y se dirige a las habitaciones de Lorenza. El Mozo, por su parte, cumple en la obra un papel puramente visual, dado que en ningún momento abre la boca para emitir palabra. En silencio entra en la casa oculto por el guadamecí, y en silencio saldrá de la casa cuando Lorenza arroje un palangana de agua a los ojos de Cañizares. Por último, si el director de escena decide utilizar unas llaves de buen tamaño, por ejemplo, colgándolas del cinturón de Cañizares, el motivo de la llave no solo funcionaría como actante verbal, mas también visual.

- En términos del lenguaje empleado, señalar que es claramente popular. Podemos imaginar que el que sería propio de las clases medias y bajas de las ciudades castellanas más grandes de la época. Como se indicó, se utilizan muchos modismos, juegos de palabras ingeniosos, equívocos y eufemismos.

- Resaltar, finalmente, que hay partes de la acción que ocurren fuera del escenario, fuera de la vista del público, por tanto. Por ejemplo, y este es el caso más importante, el encuentro de Lorenza con el Mozo. Suponemos que hacen el amor, pues la joven grita que el Mozo tiene lo que a su marido le falta. La censura eclesiástica y las costumbres de la época prohibían representar este tipo de acciones en el escenario.

Exposición interpretativa.   El asunto de *El viejo celoso* es, superficialmente, cómo una mujer joven engaña a su viejo y celoso marido. En el fondo, sin embargo, hay dos temas que en la época en que se escribió la obra eran de especial importancia:

    i. Los matrimonios de mujeres jóvenes de humildes recursos con hombres viejos y ricos. Una práctica común en momentos de gran crisis económica.

    ii. Los matrimonios arreglados por las familias a expensas de los sentimientos de los hijos.

La obra alega, pues, en contra de que los viejos se casen con chicas jóvenes y en contra de los matrimonios por conveniencias. Se explica, pues, que tanto Lorenza como Cañizares se arrepientan de la boda; la primera maldiciendo la hora en que su familia la enlazó con el viejo, y el segundo quejándose de la turbamulta de trabajos que el casamiento le acarrea.

El viejo celoso, por la naturaleza de sus personajes y por las acciones que realizan, se diseñó con la intención de que el espectador se *distancie* de ellos. Cervantes crea esta distancia para que el espectador no se implique emocionalmente en el destino de los protagonistas y pueda reflexionar sobre los temas planteados. Se trata de una obra, pues, con una clara finalidad didáctica: ¿Qué es lo que debes hacer si eres una chica joven y tus padres te quieren casar con un hombre viejo? ¿Qué es lo que debes hacer si eres un hombre viejo y rico y te quieres casar con una mujer mucho más joven?

La respuesta a ambas preguntas es que será mejor que te lo pienses dos veces. Se puede argumentar que ninguno de los dos temas planteados en la obra tiene hoy en día gran actualidad. Al fin y al cabo, la mayor parte de la gente en los países de nuestro entorno se casa por elección personal y los matrimonios entre mujeres jóvenes y hombres viejos quizás no son tan frecuentes hoy en día como en el pasado. No obstante, la obra sí tiene interés por la manera en que se usa el humor y la risa para hacer crítica social. Sería interesante que hoy en día se hicieran, por ejemplo, más películas o programas de televisión con estas características, lo cual no es el caso, ya que suelen presentar un sesgo más bien ideológico. El sesgo utópico del entremés cervantino aparece particularmente en su ridiculización del código del honor aparencial, que es una de las piezas clave de la ideología dominante en la España de la época.

4.6   Análisis de *El castellano viejo*

Hemos elegido como última explicación modelo un ensayo. Específicamente, un ensayo periodístico, que es un escrito que normalmente utiliza como vehículo de expresión la prosa. Estos mensajes suelen tener un objetivo concreto: Persuadir al lector para que acepte el punto de vista o tesis del ensayista sobre un asunto o tema. Por cierto, el ensayista puede o no identificarse con el nombre del autor real del ensayo. No conviene, por ello, identificar sin más la voz del ensayo con el autor. Por otro lado, no todos los ensayos son iguales: Los hay extremadamente lógicos y consistentes en la argumentación y, también, extremadamente líricos o meditativos, con un componente emocional altamente elaborado. Sea de una manera o de otra, la voz se encarga de transmitir una mentalidad, cosmovisión y sesgos determinados sea en forma de estado de ánimo o actitud ante un asunto y trasfondo específico. Y para ello suele utilizar gran cantidad de recursos retóricos y exhibir gran flexibilidad formal gracias a la incorporación de mecanismos provenientes del modo narrativo y lírico. En definitiva, el ensayo literario se nos presenta dentro de los límites de una escala que va desde la exposición lógica más rigurosa hasta la persuasión por apelación a las emociones del lector –prejuicios, miedo, ira, asco, etcétera–. Ahora, lo habitual es que combinen estos aspectos, siendo difícil encontrar ensayos puros que se acerquen a uno u otro límite.

En nuestros análisis de *El castellano viejo* de Mariano José de Larra (1809–-1837) trataremos, primero, de fijar el objetivo del ensayo para, a continuación, analizar las estrategias retóricas utilizadas por el ensayista, cerrando al final con un comentario.

Comprensión.   El ensayo se propone criticar por medio del ridículo a un determinado tipo social existente en la España de la época en que Larra escribió, el primer tercio del siglo XIX. Para ello, se introduce a un personaje llamado Braulio como representante ideal de las clases media y baja urbanas, de manera que al criticar por medio del ridículo al personaje en cuestión también se cuestionen ciertos hábitos y conductas asociados con ese heterogéneo grupo social –contagio metonímico o sinecdóquico–. El objetivo es la modificación de la mentalidad de esas clases.

Cuando digo que Braulio es un representante de las clases media y baja, me limito a subrayar lo que el propio ensayo dice explícitamente: «La vanidad le ha sorprendido [a Braulio, el castellano viejo] por donde ha sorprendido casi siempre a toda o a la mayor parte de nuestra clase media, y a toda nuestra clase baja». Además, no se trata de cualquier clase media, sino la de una ciudad específica de España, la de Madrid. A lo que hay que añadir un elemento más, pues Braulio se asocia con el español patriota por antonomasia. No es que Larra no sea español, claro que lo es. Lo que él crítica es una visión particular de lo español, la de esa clase media madrileña, que es patriotera y, al parecer, defensora irracional de todo lo español, sea malo o bueno, y que rechaza, por tanto, lo que de bueno y positivo puedan ofrecer otras sociedades –la francesa en particular–.

Inspección.   Lo primero que llama la atención en el ensayo de Larra es que las disquisiciones de la voz se entretejen con una narración. Más en concreto, el ensayo consiste en una historia más una interpretación del significado de la historia. Se trata, por tanto, de un ensayo en forma de parábola. Resumo a continuación la parte narrativa.

La voz nos informa que andando un tiempo atrás por las calles de Madrid se encuentra por sorpresa con Braulio. Este le invita a la comida de su cumpleaños que va a celebrarse en su casa al día siguiente. La comida resulta un desastre. Para empezar, los artistas que supuestamente estaban invitados a la fiesta no aparecen, para lo cual dan excusas increíbles. Se empieza a comer con una hora de retraso. Tan gran cantidad de gente se sienta a la mesa que los comensales tienen que comer de lado. La comida es exageradamente abundante –cocido, ternera mechada, pichones, pavo, estofado, pescado, capón, etcétera–. Los platos no están bien preparados y, para más inri, algunos se compraron directamente en el mesón en vez de haber sido cocinados en casa. Al narrador le ocurren desastres sin fin: Un niño le arroja güitos de aceitunas a la cara, un chorro de caldo de un capón le cae en la camisa, una criada le echa encima un diluvio de grasa, etc. Después de muchas peripecias se da por concluida la comida. Fígaro –nombre con que se presenta la voz– se dirige a su casa con enorme regocijo porque la tortura ha concluido. Una vez en casa, se cambia de ropa y reflexiona que prefiere el fingimiento de los educados «libre y desembaraza[mente]» que la sinceridad y estimación, quizás verdadera aunque incómoda y ofensiva, de los Braulios del mundo. Consignamos a continuación otros componentes de interés que es necesario destacar

- El narrador en primera persona se identifica con la voz y ambos con Fígaro, un seudónimo del autor conocido por los lectores españoles de la época. Estamos en presencia, pues, de una narración autobiográfica que se presenta como real. Por supuesto, al ser narrada la historia a través de una primera persona que participa en la acción, la focalización es interna. Pero a esto hay que añadir que el focalizador presenta una mirada muy crítica –satírica— sobre Braulio y su mundo. Para lograr esto se vale de un tono que distorsiona grotescamente el mundo de Braulio.
- El ensayo, como se indicó, contiene dos partes: Una narración y un comentario sobre la narración. El orden con que se presentan los componentes es el siguiente:
    1 Comentario de la voz –que se identifica con el autor–
    2 Narración
      → Narrador –que se identifica con el autor–
      → Diálogo / Narrador
    1 Comentario de la voz
    2 Narración
      → Narrador –que se identifica con el autor–
      → Diálogo
      → Diálogo / Narrador
    1 Comentario de la voz

La estructura como se ve es simétrica (**1 - 2 - 1 - 2 - 1**). La narración está enmarcada por el comentario de la voz (**1 - 1 - 1**), que propone, por si hubiera dudas, la interpretación correcta de la narración.

- En varias ocasiones la voz se dirige explícitamente al auditorio para asegurarse la confianza y aquiescencia del lector:
  i. «¿Cómo dirá el lector que…?».

    Obviamente la respuesta a la pregunta la dará la misma voz, pero al ser presentada de esta forma provoca la impresión –y este es un mecanismo básico de persuasión— de que es el propio lector el que tiene las riendas del ensayo. Pero no es verdad. Este es un ejemplo interesante de estrategia persuasiva.

  ii. Que se vuelve a utilizar más adelante:

    «Ya habrá conocido el lector, siendo tan perspicaz como yo le imagino…».

    Una nueva trampa: El lector, puesto que es inteligente, no tendrá más remedio que estar de acuerdo con Larra. Si no está de acuerdo con él, es que es tan tonto como Braulio. Como se ve, no hay muchas alternativas.

- Ya comenté al principio del análisis que el objetivo del ensayo es ridiculizar al tipo social que Braulio representa, pues ridiculizando al personaje se ridiculizan las costumbres de esa clase media en la que Larra quiere influir. Para lograr la ridiculización el ensayo utiliza una serie de estrategias retóricas. La primera es de corte temático: Referencias constantes a los modales y a la etiqueta. Estamos hablando de la conducta social de las personas, de su comportamiento, de lo que las distingue al hablar, comer, vestir o moverse. Todos esos aspectos que se presentan como necesarios en una sociedad que se llama civilizada. Referencias a este tema se encuentran repartidas a lo largo del ensayo desde el principio al final. Además, el hecho de que el texto termine hablando de los modales indica la importancia que tienen para configurar el sentido que se quiere transmitir.

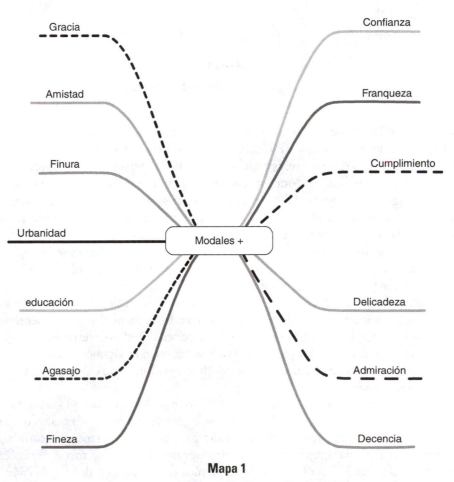

Mapa 1

Aspectos positivos asociados con los modales

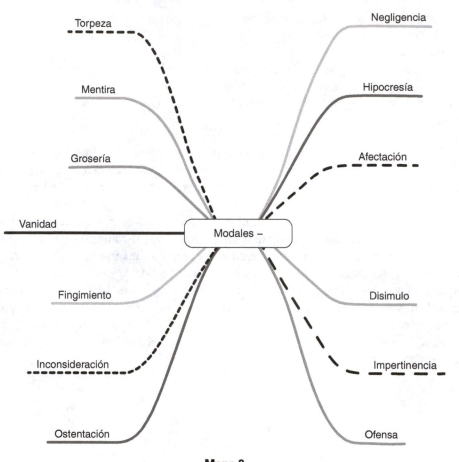

Mapa 2
Aspectos negativos asociados con los modales

Ahora bien, analizar los contenidos de un texto puede ser asunto complicado cuando nos enfrentamos con un gran número de palabras. Por ejemplo, como decía, al leer *El castellano viejo* observamos que hay muchas referencias a las costumbres e inclinaciones de las personas, a la disposición para conducirse de tal o cual manera en las interacciones sociales y, en definitiva, al fenómeno de la distinción social –o sea, a cómo distinguir el estatus social de una persona por su gusto y modales–. Pero a pesar de que nos damos cuenta de todo ello, quizás no sepamos qué hacer o cómo organizar la información. Pues bien, aconsejo abordar la cuestión mediante las siguientes operaciones:

i. Utilizando *Cirrus* o cualquier otra herramienta digital capaz de realizar las concordancias de un texto, proceder al listado de las palabras. En el caso concreto de *El castellano viejo* observamos que su *corpus* contiene más de tres mil quinientas palabras.

ii. Las inspeccionamos y extraemos todos aquellos términos que pensamos se relacionan con los modales y la interacción social. Se trata de transitar desde un análisis meramente cuantitativo a un análisis cualitativo, que claro está no puede dejar de ser sintético-interpretativo.

iii. A continuación agrupamos las palabras relacionadas usando alguno de los programas disponibles para crear mapas mentales. Se presenta un resultado posible en los mapas 1, 2 y 3, que he dibujado utilizando *MindNode*.

En el mapa 1 presentamos los términos asociados positivamente con los modales en general, sin entrar de momento a investigar qué es lo que se entiende por buenos o malos modales.

En el mapa 2 hacemos lo mismo, pero ahora para agrupar aspectos que consideramos negativos. Finalmente, en el mapa 3 agrupamos aspectos negativos asociados con el fenómeno de la interacción social. Al proceder de esta manera, extraemos de un montón de información cuantitativa información ordenada cualitativamente que se puede utilizar para nuestra explicación interpretativa.

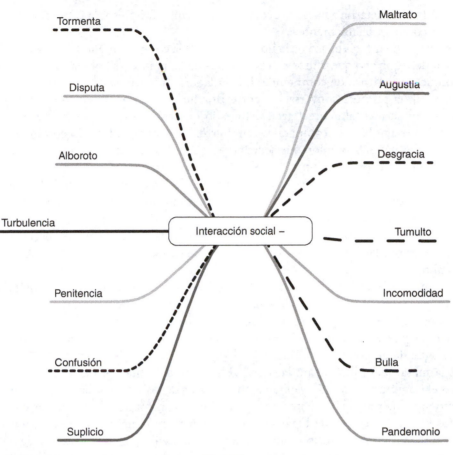

Mapa 3

Resultado de la interacción social cuando hay un choque de modales o disposiciones

Por ejemplo, los mapas 1 y 2 son clave para determinar qué entiende Larra por buenos y malos modales. Armados con ellos podremos determinar si, efectivamente, lo que parece ser positivo o negativo Larra lo considera realmente así. De hecho, el asunto es más complejo de lo que parece, y así lo sugerí al principio y lo volveré a señalar en el comentario final.

- Remitiendo de nuevo al uso del focalizador, parece claro que la voz busca que el lector se identifique con el narrador/protagonista de la historia y se distancie del otro personaje central, de Braulio. El resultado es que el propio Larra se presenta a sí mismo como modelo positivo de comportamiento y a Braulio como modelo negativo. Dicho de otra manera, la buena clase media tiene que aprender de Larra y rechazar la conducta de Braulio. Así, el texto empieza con la autoidentificación de la voz como autor, narrador y protagonista. El uso de la primera persona busca la intimidad y el acercamiento del lector. Es imposible, o al menos difícil, que el lector se identifique con Braulio, dado que la focalización interna lo ridiculiza y parodia. Veamos cómo se insiste en ello.

- Por medio del contraste que se crea entre Fígaro y Braulio al referirse el narrador al aspecto físico de ambos. Braulio es grande, Larra pequeño, Braulio es tosco, el autor es refinado. Sobre el tamaño de Braulio y de Larra: «[U]na horrible palmada que una gran mano, pegada a un grandísimo brazo, vino a descargar sobre uno de mis dos hombros, que por desgracia no tienen punto alguno de semejanza con los de Atlante». Esta descripción descansa en una hipérbole. La caracterización de Braulio continúa con una comparación que asemeja el físico de Braulio al de un animal, a un burro, en concreto: «[S]e aprieta los ijares», dice Fígaro de Braulio. El caso es que la palabra 'ijares' se suele utilizar para nombrar los costados de los animales de carga. Más adelante, para volver a enfatizar el contraste entre el tamaño de Braulio y el de Larra, se cuenta cómo Braulio convence a Larra para que cambie su frac por una chaqueta de Braulio. El resultado es terriblemente cómico por lo caricaturesco. Dice Fígaro: «[Q]uedo sepultado en una cumplida chaqueta rayada, por la cual solo asomaban los pies y la cabeza, y cuyas mangas no me permitirían comer, probablemente».

- También resulta de interés el uso de la ironía a costa de la cortedad mental de Braulio. Este es un recurso parecido al del equívoco que vimos en el entremés de Cervantes. El objetivo es mostrar que alguien es tonto porque no es capaz de comprender las verdaderas intenciones de las personas con las que habla. Esto ocurre en la primera conversación entre Braulio y Larra. «¿Quién soy?», pregunta Braulio. «Un animal», responde mentalmente Larra. Esto es lo que realmente piensa la voz narradora, que, como acabamos de ver, también lo compara con un burro. Sin embargo, Braulio en ningún momento parece darse cuenta de cuál es la opinión que sobre él tiene su interlocutor. Los equívocos y burlas se suceden a lo largo de toda esta conversación.

- Para terminar la inspección del texto, señalaré un par de rasgos más: El uso de la deformación grotesca a través de la caricatura, por un lado, y la concatenación inverosímil de acontecimientos, por el otro. Empiezo con ejemplos de caricaturas grotescas.

  - Braulio es ese tipo de español, dice Fígaro, que le pasa «poco más o menos lo que a una parienta mía, que se muere por las jorobas». Se compara al pobre castellano viejo con una mujer a quien le gustan los hombres con joroba.

  - Sobre la mesa que utilizan para comer Braulio y su esposa cuando no tienen invitados: «Desde la tal mesita [«poco más que banqueta de zapatero»], y como se sube el agua del pozo, hace subir la comida hasta la boca, adonde llega goteando después de una larga travesía». Nuevamente una comparación; en este caso, primero, de una mesa con una banqueta y, segundo, del comer en una mesa tan baja con el sacar agua de un pozo.

  - Sobre la mesa que utilizan para la fiesta: «Hubimos de sentarnos de medio lado, como quien va a arrimar el hombre a la comida, y entablaron los codos de los convidados íntimas relaciones entre sí…». Primero una hipérbole y luego una personificación de una parte del cuerpo, los codos.

  - Los dos invitados vecinos de Fígaro en la mesa. Primero el niño: «[D]e cinco años, encaramado en unas almohadas que era preciso enderezar a cada momento porque las ladeaba la natural turbulencia de mi joven *adlátere*». Segundo el gordo: «[U]no de esos hombres que ocupan en el mundo espacio y sitio de tres, cuya corpulencia por todos lados se salía de madre de la única silla en que se hallaba sentado, digámoslo así, como en la punta de una aguja». Hipérboles y antítesis.

  - La sobreabundancia de comida es también otra hipérbole, figura central de la caricatura, que aquí, en este ensayo, se basa en la deformación grotesca.

  Y concluyo con un comentario sobre los acontecimientos que se describen en los párrafos que siguen al que comienza con la frase «Una tormenta espantosa estaba a punto de estallar». En ellos se sigue explorando la estética de lo grotesco, pero ahora mediante la concatenación de una serie de catástrofes que prefiguran las peripecias típicas del cine mudo de carácter cómico. Lo interesante en estas líneas no es solo la inverosimilitud de la concatenación sino la naturaleza de las catástrofes y la manera en que se describen.

Exposición interpretativa. El ensayo de Larra es crítica social, crítica que queda mejor perfilada si tenemos en cuenta el contexto inmediato en que se escribió el texto. Las primeras décadas del siglo XIX son fundamentales en la historia de la sociedad española porque a lo largo de ellas se da el paso desde el Antiguo Régimen a una sociedad incipientemente burguesa, aunque no de manera revolucionaria como en Francia, sino paulatina, mediante la connivencia de burgueses y nobleza en las tareas del estado. Larra, en concreto, es un liberal, es decir, un miembro del ala menos tradicionalista de la burguesía, entre cuyos miembros es posible encontrar incluso a burgueses revolucionarios –que no es el caso de Larra–. Su ataque a los modales «españoles» de la clase media se dirige indirectamente a los sectores más conservadores de la época –la nobleza—, defensores de las antiguas tradiciones españolas y contrarios, por principio, a la influencia de todo lo que venga de otros países europeos y, en particular, de Francia, patria de la revolución que destruyó la monarquía absoluta. De esta manera, si lo que caracteriza al castellano viejo es su franqueza, su espontaneidad, que en la cultura popular es algo positivo, Larra consigue connotarlo negativamente como mera rudeza y vulgaridad en las costumbres. Por tanto, lo que supuestamente se entiende como lo positivo del español patriótico queda en el ensayo expuesto como ignorancia y barbarie.

5 | Actividades

5.1   La comunicación

Escribe con tus propias palabras una definición de los conceptos que se dan a continuación, o, cuando así se indique, responde a las preguntas:

Emisor

_____

_____

_____

Receptor

_____

_____

_____

Escenario del diálogo

_____

_____

_____

Situación comunicativa

_____

_____

_____

Sobrentendido

_____

_____

_____

Comunicación mediata

_____

_____

_____

Comunicación inmediata

_____

_____

_____

¿Qué limita las lecturas potenciales de un mensaje?

_____

_____

_____

_____

¿Qué es un género semiótico?

_____

_____

_____

5.2 El mensaje

Escribe con tus propias palabras una definición de los conceptos que se dan a continuación, o, cuando así se indique, responde a las preguntas:

¿Qué es la comunicación estética?

_____

_____

_____

_____

_____

Función referencial

_____

_____

_____

Función emotiva

_____

_____

_____

Función conativa

_____

_____

_____

¿Cuál es la diferencia entre modo y género?

_____

_____

_____

Modo narrativo

_____

_____

_____

Modo ensayístico

_____

_____

_____

Modo expresivo

_____

_____

_____

¿Qué es una narración?

_____

_____

_____

Narrador

_____

_____

_____

Narratario

_____

_____

_____

¿Cuál es la diferencia entre historia y relato?

_____

_____

_____

_____

Tiempo de la historia

_____

_____

_____

_____

Tiempo del discurso narrativo

_____

_____

_____

_____

Situación temporal del narrador

_____

_____

_____

_____

Analepsis

_____

_____

_____

Prolepsis

_____

_____

_____

Velocidad del relato

_____

_____

_____

Focalizador

_____

_____

_____

_____

¿Cuáles son los tipos de focalizador? Explicar cada uno de ellos

_____

_____

_____

_____

_____
_____

Justicia poética

_____
_____
_____

Cosmovisión

_____
_____
_____
_____

Trasfondo

_____
_____
_____

Comunidad imaginada

_____
_____
_____
_____

Falacia

_____
_____
_____

Entimema

_____
_____
_____

¿Cuáles son los tipos de auditorios habituales?

_____
_____
_____

Emoción

_____

_____

_____

Pasión

_____

_____

_____

Sentimiento

_____

_____

_____

¿Cuáles son las emociones básicas o primarias?

_____

_____

_____

¿Cuáles son los sentimientos morales más relevantes? ¿Cuál es su función?

_____

_____

_____

_____

¿Por qué se produce la empatía?

_____

_____

_____

Flujo emocional

_____

_____

_____

Catarsis

_____

_____

_____

Patrón emocional

_____

_____

_____

Patrón de consolación

_____

_____

_____

Patrón de desengaño

_____

_____

_____

Objeto de empatía o simpatía

_____

_____

_____

5.3 Los signos

Escribe con tus propias palabras una definición de los conceptos que se dan a continuación, o, cuando así se indique, responde a las preguntas o sigue las indicaciones:

Semiosis

_____

_____

_____

Explica cuáles son los componentes del triángulo semiótico

_____

_____

_____

_____

_____

Denotación

_____

_____

_____

_____

_____

Connotación

_____

_____

_____

_____

_____

¿Qué es una disputa de demarcación connotativa?

_____

_____

_____

Símbolo

_____

_____

_____

Ícono

_____

_____

_____

Índice

_____

_____

_____

Prosodia

_____

_____

_____

Grupo fónico

_____

_____

_____

Melodía

_____

_____

_____

Acento

_____

_____

_____

¿En qué se diferencian las sílabas gramaticales de las fonéticas?

_____

_____

_____

_____

_____

Sinalefa

_____

_____

_____

Rima

_____

_____

_____

¿Cuál es la diferencia entre un poema de arte menor y otro de arte mayor?

_____

_____

_____

¿Cuál es la diferencia entre la rima asonante y la consonante?

_____

_____

_____

Estrofa

_____

_____

_____

Encabalgamiento

_____

_____

_____

Iconicidad de la imagen

_____

_____

_____

Expresividad de la imagen

_____

_____

_____

Encuadre de la imagen

_____

_____

_____

Campo de la imagen

_____

_____

_____

Perspectiva

_____

_____

_____

Tono y color de la imagen

_____

_____

_____

Estatismo y dinamismo en la imagen aislada

_____

_____

_____

Puesta en escena

_____

_____

_____

Montaje

_____

_____

_____

Plano o toma

_____

_____

_____

Secuencia

_____

_____

_____

Corte

_____

_____

_____

Plano secuencia

_____

_____

_____

¿Cuál es la diferencia entre el sonido diegético y el no diegético?

_____

_____

_____

¿Qué es un cómic o historieta?

_____

_____

_____

Señala algunas de las convenciones gráficas que se utilizan en los cómics

_____

_____

_____

¿Qué relaciones básicas se dan entre la palabra y la imagen en una historieta?

_____

_____

_____

¿Qué es la puesta en página?

_____

_____

_____

Acotación

_____

_____

_____

¿Cuál es la diferencia entre los actantes verbales y los visuales?

_____

_____

_____

¿Cuál es la diferencia entre un monólogo y un aparte?

_____

_____

_____

5.4 El análisis

Escribe con tus propias palabras una definición de los conceptos que se dan a continuación, o, cuando así se indique, responde a las preguntas o sigue las indicaciones:

¿Cuál es la diferencia entre objetividad y neutralidad?

_____

_____

_____

¿Qué significa respetar el objeto semiótico analizado?

_____

_____

_____

¿Qué es el estilo en el mensaje estético?

_____

_____

_____

¿Qué es el tono en el mensaje estético?

_____

_____

_____

Cultura

_____

_____

_____

_____

Mentalidad

_____

_____

_____

Cosmovisión

_____

_____

_____

_____

Sesgo ideológico

_____

_____

_____

Sesgo utópico

_____

_____

_____

Administrar la percepción

_____

_____

_____

_____

Comprensión del mensaje

_____

_____

_____

_____

Inspección del mensaje

_____

_____

_____

_____

Exposición o explicación interpretativa

_____

_____

_____

6 Glosario

6.1 El signo

Objeto, fenómeno o acción material que, por naturaleza o convención, representa o sustituye a otro (*DRAE*).

- Cualquier cosa (objeto, fenómeno o acción material) puede servir para significar
- Segundo punto a considerar es que la significación se produce, como veremos a continuación, por convención o por las características intrínsecas del signo
- En la interacción comunicativa, el signo tiene la capacidad de hacer presente lo que está ausente

6.2 Los tipos de signos

Íconos

Las representaciones o signos icónicos se asemejan a lo que representan.

- Fotografías, retratos
- Arte figurativo
- Onomatopeyas

Índices

Los signos indiciarios tienen una relación de contigüidad espacial o temporal con lo que significan.

Decir que hay una relación de contigüidad temporal es usualmente equivalente a decir que hay una relación de causa a efecto entre dos acontecimientos: Si fuego entonces humo, si golpe entonces dolor, etc.

- «Si el río suena es que agua lleva»
- 'Humo' significa 'incendio'
- 'Huellas digitales' significa la presencia en tal lugar de una persona concreta, dado que las huellas digitales son específicas de cada persona
- 'Síntomas fisiológicos' significa 'tal o cual enfermedad'

Símbolos

Signos que mantienen una relación arbitraria o convencional con lo que significan.

Tema complicado. Pero siempre se pueden pensar ejemplos obvios:

- Los sonidos de las palabras significan convencional o arbitrariamente —la excepción son las onomatopeyas
- La escritura también significa convencionalmente, al menos los alfabetos fonéticos
- Muchos colores tienen significados simbólicos (convencionales)
- Muchas señales de tráficos también tienen significados simbólicos (convencionales)

6.3 Los niveles de significación

Denotación

Dicho de una palabra o de una expresión: Significar objetivamente. Se opone a connotar (*DRAE*).

- Cuando hablamos del significado propio u objetivo de un signo estamos hablando de los significados habituales de una palabra, es decir, aquellos que se recogen en un diccionario
- Denotación de «rosa»: Flor del rosal, notable por su belleza, la suavidad de su fragancia y su color, generalmente encarnado poco subido. Con el cultivo se consigue aumentar el número de sus pétalos y dar variedad a sus colores. Suele llevar el mismo calificativo de la planta que la produce (*DRAE*)

Connotación

Dicho de una palabra: Conllevar, además de su significado propio o específico, otro de tipo expresivo o apelativo (*DRAE*).

- El significado artístico se basa, indudablemente, en la denotación de los signos utilizados. Pero la riqueza del arte depende en gran medida de las connotaciones

Las connotaciones dependen de:
- La tradición cultural: Significados que se han ido asociando con el signo a lo largo del tiempo en un área cultural determinada
- La relación que el texto u obra establece con tal tradición cultural
- Los nuevos significados que la obra o texto asocian con el signo o representación que estemos considerando. Se trata de un trabajo clave a la hora de entender la creatividad artística
- Connotación de «rosa»: Juventud y belleza efímeras, ocasión para introducir el motivo del *carpe diem*, etc.

6.4 Los tropos

Empleo de las palabras en sentido distinto del que propiamente les corresponde, pero que tiene con este alguna conexión, correspondencia o semejanza. El tropo comprende la sinécdoque, la metonimia y la metáfora en todas sus variedades (*DRAE*).

- A la hora de analizar los tropos es útil distinguir entre el significado literal y el significado figurado de las palabras
- El significado literal es el que deriva de la denotación de las palabras analizadas
- El significado figurativo se localiza en el nivel de las connotaciones. Se trata de significados novedosos asociados a la denotación original
- El mecanismo básico de la significación que permite hacer presente lo ausente se instrumentaliza para hacer concreto lo abstracto

Metáfora

En una metáfora los nuevos significados derivan de una transferencia de significado desde el campo semántico de un signo (x) al campo semántico de otro signo (y). Esta transferencia es posible porque hay (o se predica que hay) una semejanza entre (x) e (y).

- El significado de (x) y el significado de (y) se conectan icónicamente
- *La vida* (x) *es sueño* (y): El campo semántico (o sectores determinados del campo) de la palabra 'sueño' se transfiere(n) al campo semántico de la palabra 'vida'.
- *El mundo* (x) *es un teatro* (y): El campo semántico (o sectores determinados del campo) de la palabra 'teatro' se transfiere(n) al campo semántico de la palabra 'mundo' (='vida').
- En ambos casos, la transferencia de significado de un campo a otro permite una percepción novedosa de la vida (de lo que debe significar la palabra 'vida' para las personas)

Metonimia

En una metonimia los nuevos significados derivan de una relación de contigüidad espacio-temporal entre el objeto, fenómeno o acción material (a) y el objeto, fenómeno o acción material (b).

La contigüidad espacio-temporal sistemática y consistente entre (a) y (b) permite que (b) se convierta en el significado de (a) y esta, a su vez, en un signo.

- En la producción metonímica el signo (a) es un índice de (b)
- En películas de intriga, las pistas que permiten descubrir al autor de un crimen o determinada acción suelen ser metonimias
- Si un personaje aparece asociado espacial o temporalmente con un objeto determinado, el objeto pasa a convertirse en signo de tal personaje. Es decir, la presencia del objeto significa el personaje con el que está asociado
- Por supuesto, es importante que la mente del espectador o lector sea capaz de percibir la contigüidad de (a) y (b), y, con ello, de que tome conciencia de la contaminación metonímica. Ahora bien, es habitual que nuestras mentes no registren siempre a nivel de la conciencia todas las conexiones metonímicas que se ofrecen a nuestra percepción, lo cual no impide que produzcan efectos duraderos en nuestra percepción de la realidad. Lo habitual y repetido escapa a menudo a nuestra conciencia
- La noción de 'contaminación metonímica' quiere subrayar que el sentido de la conexión metonímica —de (a) a (b), por ejemplo, es reversible, es decir, puede ir de (b) a (a). En el ejemplo del objeto que se convierte en signo del personaje, esto quiere decir que el personaje también se puede convertir en signo del objeto

Sinécdoque

Se trata de un tipo de metonimia. Ahora bien la relación que se establece entre (x) e (y) no depende de conexiones que se puedan entender como puramente aleatorias, pues entre (x) e (y) hay la misma relación que hay entre un *todo* y una *parte* de ese todo.

La contigüidad que (x) e (y) exhiben deriva de la propia naturaleza del todo en consideración.

- Parte (b) por el todo (a): «En esta clase hay veinte almas». 'Almas' significa 'personas', siendo la persona el todo y su alma una de sus partes
- Todo por la parte: «España no condena el golpe de estado en Egipto». 'España' en realidad significa en este contexto 'el gobierno de España', siendo España el todo y el gobierno de España una parte de ese todo. Por supuesto, muchas partes de España, personas y organizaciones, no apoyaron el golpe de estado en Egipto

6.5 Las figuras retóricas

Empleo de las palabras, y de los signos en general, de forma eficiente con el objetivo de deleitar, persuadir o conmover al lector o espectador.

Antítesis

Contraste que se establece y exhibe entre los extremos de una escala, que no es otra cosa que una sucesión ordenada de valores distintos de una misma cualidad.

- Ejemplos: Escala de temperatura, longitud, altura, tamaño, dureza, color, etc.
- La antítesis combina excelentemente con los procedimientos metafóricos
- «El fuego de mi amor derritió el hielo de su corazón» (escala de temperatura)
- «La luz de sus ojos esclareció las tinieblas de mi amor» (escala de luminosidad)
- «Su altura de miras sorprendía a los incautos porque era muy corto de entendederas» (escala de altura)

Paradoja

Es una antítesis superada porque integra el contraste de los extremos en un único concepto. Una fusión de ideas contradictorias.

- «El hielo líquido de su mirada» (escala de dureza)
- «Engañar con la verdad» (escala verdad-mentira)

Sinestesia

Describir la percepción a través de un sentido utilizando rasgos o cualidades que son propios de otro sentido distinto. Por ejemplo, describir las percepciones visuales en términos de las percepciones táctiles, o las auditivas en términos de las visuales, etc.

- Sentidos: Vista, oído, tacto, gusto, olfato
- «Pepe es duro de oído» (tacto-oído)
- «Es un color chocante» (vista-tacto)
- «Huele a rayos» (olfato-vista)
- «La dulce música del violín de Valentín» (oído-gusto)

Clímax

Enumeración graduada de (parte de) los miembros de una escala, siguiendo un orden ascendente o descendente.

- «Frío, templado y caliente» (escala de temperatura)
- «El hormigón de su pecho devino terrones sueltos, primero, y papilla insulsa después» (escala sólido-líquido)

Perífrasis

Decir con muchas palabras lo que se puede decir con menos. Alternativamente, decir con rodeos lo que se puede expresar en forma directa y simple.

- También recibe el nombre de circunlocución
- «El escritor alcalaíno», en lugar de decir «Cervantes».
- «De pocas luces», por «tonto».
- «Daba con la cabeza en el techo», en lugar de «alto» o «alta».
- «Comía como una lima», en lugar de «comilón».

Epíteto

Un uso redundante de la adjetivación, en el sentido de que el calificativo está incorporado ya en la naturaleza del sustantivo.

- «Nieve blanca».
- «Verde olivo».
- «Sima negra».
- «Agua clara».

Símil

Establecer en forma explícita similitud o semejanza entre dos cosas utilizando las palabras *cual o com*o.

- También recibe el nombre de comparación
- Los símiles no se deben confundir con las metáforas. No es sólo un problema de expresión lingüística –las metáforas no suelen usar las palabras 'cual' o 'como'–, sino que a veces los símiles no son metáforas
- «Pepito va a rebuznar como Pepe, si no al tiempo»
- «Quiero un coche que sea como un cuartito de estar»
- «Ojos como ascuas»
- «Cual profundo abismo, así es su alma»

Hipérbole

El significado literal de la expresión es una imposibilidad.

- También recibe el nombre de exageración
- «Me muero de envidia»

Prosopopeya

Proyectar rasgos o características propios de los seres humanos sobre los animales o las cosas.

- También recibe el nombre de personificación
- «Un sol sin piedad»

Cosificación

Proyectar rasgos o características propios de las cosas inanimadas sobre los seres vivos.

- «Mente acartonada»
- «Dientes como perlas»
- «Labios de rubí»

Animalización

Proyectar rasgos o características propios de los animales no humanos sobre los seres humanos o las cosas.

- «Pepe es un burro»
- «Pepa tiene cuello de cisne»

Apóstrofe

Apelación o invocación dirigida a una persona, animal o cosa.

- «¡Pepe, ven aquí!»
- «¡Oh, Luna, qué haría yo sin ti!»

Asíndeton

Omitir en una enumeración la conjunción 'y' o en una disyunción la conjunción 'o'.

- «Ele, eme, ene, pe»

Polisíndeton

Usar más conjunciones de las necesarias.

- «Ele y eme y ene y pe»

Aliteración

Repetir el mismo sonido a lo largo de varias palabras.

- «Yo ya no soy yo»

Anáfora

Repetir una palabra o palabras al comienzo de una frase o verso.

- «Así como viene, así se irá y así será»
- «He observado tu ciudad y
- he oído sus palabras y
- las he proyectado sobre sus
- pensamientos, y se huyen.
- ¿Por qué no suspira tu alma en el ágora
- para que todos se puedan acongojar?»

Hipérbaton

Alterar el orden habitual de las palabras en una frase u oración. Es una táctica retórica habitual pues la sintaxis del español es muy flexible a la hora de ordenar los vocablos.

- El hipérbaton usual es el que imita el orden estándar de la oración latina, con el verbo al final
- «Calabazas de colores de los árboles colgando ver pudimos»

Onomatopeya

Palabra o palabras cuyo sonido imita un sonido que encontramos en la realidad fuera del discurso hablado.

- «El chirrido de tu voz y el murmullo de tus dedos»

6.6 Las estructuras retóricas profundas

Aquí nos centramos no tanto en cómo se emplean las palabras, las expresiones y las frases cuanto el texto o la obra en su conjunto. Los objetivos centrales de las estrategias retóricas fluctúan desde el deleite a la persuasión, desde la conmoción al entretenimiento o desde la evasión a la manipulación ideológica del lector o espectador.

- En general, los *tropos* y las *figuras retóricas* pueden utilizarse sistemáticamente a lo largo de un texto o en la totalidad de una obra con la intención de alcanzar tales objetivos.

Alegoría

Texto u obra que en base a una o varias metáforas usadas estructuralmente posibilita una doble lectura, la propiamente literal y otra que podemos llamar figurada o alegórica.

Otra manera de expresar la misma idea es afirmando que se trata de textos u obras que exigen dos niveles de lectura.

- Los personajes funcionan tipológicamente, es decir, representan tipos y no individuos. El mecanismo puede ser sinecdóquico: Una mujer representa a todas las mujeres y un hombre a todos los hombres. También, metafórico: El león representa el poder, el zorro, la astucia, etc.
- La acción narrativa, gracias a la metáfora usada estructuralmente, también exige una lectura tipológica: No es la acción de un personaje lo que tenemos entre manos, sino la de todo un grupo o comunidad. Las acciones suelen conectar sinecdóquicamente los acontecimientos particulares con la trayectoria de una sociedad determinada o, incluso, con la humanidad en su conjunto

Parábola

Es un texto u obra cuya lectura alegórica se explicita dentro del propio texto en forma de moraleja o comentario destinado a extraer algún tipo de enseñanza.

- A un panal de rica miel
- dos mil moscas acudieron,
- que por golosas murieron,
- presas de patas en él.
- Así, si bien se examina,
- los humanos corazones
- perecen en las prisiones
- del vicio que los domina

Ironía

Como punto de partida, debemos observar que la ironía es una figura retórica que consiste en dar a entender lo contrario de lo que se está diciendo literalmente.

Aquí nos interesa resaltar, sin embargo, el uso estructural de la ironía, es decir, cuando impregna todo el entramado del texto o de la obra. El uso estructural de la ironía dota al texto u obra de tonalidades burlonas. Por ello, suele ir de la mano con la parodia y la sátira.

- La ironía estructural complica la interpretación de un texto u obra pues socava la significación literal de los signos utilizados
- El diseño del narrador suele resultar clave para dar a entender al lector que debe efectuar una lectura irónica del texto u obra
- Igualmente, las contradicciones entre lo afirmado en el discurso del narrador y las acciones de los personajes y su discurso directo suele ser índice de la necesidad de una lectura irónica

---

Parodia

La parodia es un tipo de imitación y, en función de lo que aquí nos interesa, una táctica intertextual. Con otras palabras, mediante la parodia un texto o práctica cultural hace alusión a otro texto o práctica cultural. Ahora bien, lo que resulta significativo en la parodia es la naturaleza de la alusión, pues esta última puede oscilar desde la cita reverencial a la ridiculización más feroz. Más en concreto, la alusión paródica se caracteriza por ser una imitación hostil; con lo que el objetivo de la parodia sería, por tanto, ridiculizar, subvertir e, incluso, destruir el texto o la práctica cultural imitada.

El procedimiento habitual de la parodia es la descontextualización, o sea, la colocación de la cosa parodiada en un nuevo contexto o situación para provocar algún tipo de conflicto o desarmonía.

- Conviene distinguir la ironía de la parodia. La ironía es un tipo de discurso caracterizado por una doble voz, pues el enunciado irónico funciona como vehículo de dos conciencias o códigos que, aunque en conflicto, coexisten en el mismo mensaje. Y este no es el caso de la parodia, pues, como se apuntaba, su finalidad es la subversión de la voz parodiada. Ahora bien, nada impide que ambas estrategias se combinen en un mismo texto u obra.

Sátira

Composición poética u otro escrito cuyo objeto es censurar acremente o poner en ridículo a alguien o algo (*DRAE*).

- Puesto que el objetivo es ridiculizar se entiende que un recurso muy útil es parodiar aquello que se quiere satirizar.
- Con el mismo efecto se puede utilizar también la ironía.

6.7   Las reglas de acentuación

Palabras agudas

Las palabras agudas, que son las palabras que llevan el acento tónico en la última sílaba, llevan acento gráfico cuando terminan en *vocal*, en *n* o en s.	• «Lloró» • «Camión» • «Después»

Palabras graves o llanas

Estas palabras, las más frecuentes en castellano, llevan el acento tónico en la penúltima sílaba. Utilizamos el acento gráfico cuando *no* terminan en *vocal*, en *n* o en s.	• «Cáncer» • «Débil» • «Tonto» • «Bolos» • «Matan»

Palabras esdrújulas

Estas palabras, que llevan el acento tónico en la penúltima sílaba, llevan siempre el acento gráfico.	• «Mediterráneo» • «Fantástico» • «Física»

6.8   Los diptongos y licencias poéticas

Un diptongo es una combinación de dos vocales diferentes que se pronuncian en una sola sílaba (*DRAE*). El diptongo es resultado de la combinación de una vocal abierta (a, e, o) y una vocal cerrada (i, u) o de dos vocales cerradas. Estas combinaciones, sin embargo, no siempre forman diptongo. Cuando no lo forman, se marca el hecho con un acento gráfico.	• «Aire» • «Puerta» • «Fui» • «Diablo» • «Día» • «Acentúa»

Diéresis

Licencia poética consistente en destruir el diptongo para regularizar la métrica.	• «Püerta» • «Vïola»

Sinéresis

Licencia poética que provoca la formación de un diptongo en aquellas combinaciones de vocales que no lo forman de manera natural.	

Hiato

Otra licencia poética que afecta a la sinalefa. Consiste en disolver una sinalefa para alargar un verso (*DRAE*).	

6.9   La longitud de los versos

No hay versos monosílabos en español porque los versos de una sílaba al ser agudos se contarían como de dos sílabas.	
Versos de 3 sílabas.	• Trisílabos
Versos de 4 sílabas	• Tetrasílabos

Versos de 5 sílabas	• Pentasílabos
Versos de 6 sílabas	• Hexasílabos
Versos de 7 sílabas	• Heptasílabos
Versos de 8 sílabas	• Octosílabos
Versos de 9 sílabas	• Eneasílabos
Versos de 10 sílabas	• Decasílabos
Versos de 11 sílabas	• Endecasílabos
Versos de 12 sílabas	• Dodecasílabos
Versos de 13 sílabas	• Tredecasílabos
Versos de 14 sílabas	• Alejandrinos
Versos de 15 sílabas	• Pentadecasílabos

6.10 Los tipos de estrofas[1]

Una estrofa es resultado de combinar un patrón métrico y un patrón de rima. A continuación consignamos algunas de las más habituales.

Estrofas de 2 versos	• *Pareados* • La métrica puede variar. Los dos versos riman. Los pareados no suelen ir sueltos.
Estrofas de 3 versos	• *Tercetos encadenados* • Versos en decasílabos. El primer verso suele rimar con el tercero, y el segundo con el primero del siguiente terceto.
Estrofas de 4 versos	• *Cuarteto* • Versos de arte mayor: ABBA • *Serventesio* • Versos de arte mayor: ABAB • *Redondilla* • Versos de arte menor: abba • *Cuarteta* • Versos de arte menor: abab
Estrofas de 5 versos	• *Quinteto* • Versos de arte mayor. Patrones de rima variados • *Quintilla* • Versos de arte menor. Patrones de rima variados
Estrofas de 6 versos	• *Sextinas* • Versos de arte mayor. Patrones de rima variados

---

[1]Para ampliar todo lo relativo a la poesía, consultar el libro de Lapesa consignado en la bibliografía.

Estrofas de 8 versos	• *Copla de arte mayor* • Versos de arte mayor. El patrón de rima usual es **ABBAACCA** • *La octava real* • Versos de arte mayor, endecasílabos. Rima alterna con un pareado final: **ABABABCC**
Estrofas de 10 versos	• *La décima* o *espinela* • Diez octosílabos. Patrón de rima: abbaaccddc

Bibliografía citada

"Acento prosódico". *Wikipedia: The Free Encyclopedia*. Wikimedia Foundation, Inc. Web. 05 Agosto 2014.

Böhl de Faber, Juan Nicolás, ed. *Primera parte de la Floresta de Rimas Antiguas Castellanas*. Hamburgo, Librería de Perthea y Beaser, 1821.

Boscán, Juan. *Las obras de Boscán y algunas de Garcilasso de la Vega repartidas en quatro libros*. Barcelona: Carles Amoros, 1543.

Cardona, Rodolfo y Anthony N. Zahareas. *Re-visión del esperpento*. Madrid: Publicaciones de la ADE, 2012.

Cervantes, Miguel. *El viejo celoso*. Biblioteca virtual Miguel de Cervantes 28 Septiembre 2014. http://www.cervantesvirtual.com/obra-visor/el-viejo-celoso--0/html/ff329b2c-82b1-11df-acc7-002185ce6064_1.html#I_0_

Damasio, Antonio R. *Descartes' Error. Emotion, Reason, and the Human Brain*. New York: Quill, 2000.

DeWitt, Richard. *Worldviews. An Introduction to the History and Philosophy of Science*. Oxford: Wiley-Blackwell, 2010.

Durán, Agustín, ed. *Cancionero y romancero de coplas y canciones de arte menor. Letras, letrillas, romances cortos y glosas anteriores al siglo XVIII, pertenecientes a los géneros Doctrinal, Amatorio, Jocoso, Satírico, etc.* Madrid: Imprenta de D. Eusebio Aguado, 1829.

Eco, Umberto. *Signo*. Traducción de Francisco Serra Cantarell. Barcelona: Editorial Labor, 1980.

———. "Rhetoric and Ideology in Sue's *Les Mystères de Paris*," en *The Role of the Reader. Explorations in the Semiotics of Texts*, del mismo autor. Bloomington: Indiana University Press, 1984. 125—143.

———. *Tratado de semiótica general*. Traducción de Carlos Manzano. Barcelona: Lumen, 2000 [1976].

Eisner, Will. *Comics and Sequential Art*. New York, London: Norton and Company, 2008.

Gasca, Luis y Román Gubern. *El discurso del cómic*. Madrid: Cátedra, 2011.

Gil, Rodolfo, ed. *Romancero judeo-español*. Madrid: Imprenta Alemana, 1911.

Gómez, Jesús, ed. *El ensayo español 1. Los orígenes: Siglos XV a XVII*. Prólogo general de José-Carlos Mainer. Barcelona: Crítica, 1996.

Gracián y Morales, Baltasar. *Obras de Lorenzo Gracián*. Madrid: Imprenta de Pedro Marín, 1773.

Hierro S. Pescador, José. *Principios de filosofía del lenguaje: 2. Teoría del significado*. Madrid: Alianza Editorial, 1982.

Iacoboni, Marco. *Las neuronas espejo. Empatía, neuropolítica, autismo, imitación, o de cómo entendemos a los otros*. Traducción de Isolda Rodríguez Villegas. Buenos Aires, 2009.

Innerarity, Daniel. "La creatividad personal en el entorno digital, los aparatos tecnológicos y el exceso informativo," Conferencia inaugural del V Congreso Iberoamericano de Cultura (Zaragoza, 20 Nov 2013). *Viaje a Ítaca. Website sobre libros y afines* (5 Octubre 2014).

http://viajeaitaca.net/conferencia-de-daniel-innerarity/

"Krazy Kat". *Wikipedia: The Free Encyclopedia*. Wikimedia Foundation, Inc. Web. 05 Julio 2014.

Lafuente y Alcántara, Emilio, ed. *Cancionero popular. Colección escogida de seguidillas y coplas*. Tomo 1. Madrid: Carlos Bailly-Bailliere, 1865.

Lapesa Melgar, Rafael. *Introducción a los estudios literarios*. Madrid: Cátedra, 2008.

Larra, Mariano José de. "El castellano viejo," *El Pobrecito Hablador* 8 (Diciembre 1832): 5—27.

Le Goff, Jacques. "Mentalities: a history of ambiguities," en *Constructing the Past. Essays in Historical Methodology*, editado por Jacques Le Goff y Pierre Nora. Cambridge y París: Cambridge University Press y Editions de la Maison des Sciences de L'Homme, 1987. 166—180.

López Aranguren, Eduardo. "Sobre el carácter utópico del partido político Podemos", *Sin Permiso* (24 Agosto 2014): 1—5. http://www.sinpermiso.info/textos/index.php?id=7236

Marchese, Angelo y Joaquín Forradellas. *Diccionario de retórica, crítica y terminología literaria.* Barcelona: Ariel, 1989.

Marx, Karl. "The Eighteen Brumaire of Louis Bonaparte," en *Surveys from Exile. Political Writings Volume 2.* Prólogo de Tariq Ali, edición e introducción de David Fernbach y traducción de Ben Fowkes. Londres: Verso, 2010.143—249.

McCloud, Scott. *Understanding Comics.* New York: Harper, 1994.

Milá y Fontanals, Manuel. *Romancerillo catalán, canciones tradicionales.* Barcelona, A. Verdaguer, 1882.

Montaigne, Michel de. *Ensayos.* Traducción e introducción de Constantino Román y Salamero. París: Garnier Hermanos, 1898.

Ortega y Gasset, José. *Meditaciones del Quijote.* Madrid: Alianza Editorial, 1981 [1914].

Pablo, Luis de. "¿Fronteras y conocimiento en música? Unos apuntes", en *Fronteras del conocimiento.* Madrid: BBVA, 2008. 391—401.

París, Carlos. "Posición de la ciencia en el complejo cultural". Trabajo recogido en *En la época de la mentira* del mismo autor. Madrid: Editorial Tecnos, 2014. 213—263.

"Pie (métrica)". *Wikipedia: The Free Encyclopedia.* Wikimedia Foundation, Inc. Web. 08 Agosto 2014.

Prieto, Fernando. "Plan del buen vivir para el Reino de España y necesidad de mecanismos de rendición de cuentas". *Sin Permiso* (16 Febrero 2014): 1—8. http://www.sinpermiso.info/articulos/ficheros/6vivir.pdf

Quilis, Antonio, Margarita Cantarero y Manuel Esgueva. "El grupo fónico y el grupo de entonación en el español hablado," *Revista de Filología Española* 73-1/2 (1993): 55—64.

Reis, Carlos y Ana Cristina M. Lopes. *Diccionario de narratología.* Segunda edición. Salamanca: Ediciones Almar, 2002.

Ruiz, Juan, Arcipreste de Hita. *El libro del Arcipreste* o *de buen amor.* Edición e introducción de Óscar Pereira-Zazo y Tony Zahareas. Madrid: Espasa-Calpe, 2008.

Sánchez Ferlosio, Rafael. "(Heraclio)", relato recogido en *Pecios. El Mal es un comodín ideológico. El País* (22 Enero 2009). http://elpais.com/diario/2009/01/22/opinion/1232578812_850215.html

"Semiotic elements and classes of signs". *Wikipedia: The Free Encyclopedia.* Wikimedia Foundation, Inc. Web. 02 Agosto 2014.

Valles Calatrava, José R, ed. *Diccionario de teoría narrativa.* Granada: Editorial Alhulia, 2002.

Vega Reñón, Luis y Paula Olmos Gómez. *Compendio de lógica, argumentación y retórica.* 2.ª edición. Madrid: Editorial Trotta, 2013.

Voloshinov, Valentin N. "La palabra en la vida y la palabra en la poesía." Recogido en *Hacia una filosofía del acto ético. De los borradores y otros escritos* de Mijail M. Bajtín. Comentarios de Iris M. Zavala y Augusto Ponzio. Traducción de Tatiana Bubnova. Rubí, Barcelona: Anthropos, 1997. 106—137.

"Webcomic". *Wikipedia: The Free Encyclopedia.* Wikimedia Foundation, Inc. Web. 10 Agosto 2014.

"We Can Do It". *Wikipedia: The Free Encyclopedia.* Wikimedia Foundation, Inc. Web. 18 Julio 2014.

Young, Charles E. "Capturing the Flow of Emotion in Television Commercials: A New Approach". *Journal of Advertising Research* 44-2 (2004): 202—209.

CPSIA information can be obtained
at www.ICGtesting.com
Printed in the USA
LVHW050003030722
722446LV00002B/6

9 781465 256683